KB262897

共著 김광태 · 김준숙

UniQue 일본어 30

시사일본어사

머리말

세계가 개방화 · 국제화 되어 가는 요즘 일본과는 지리적으로 인접해 있는 관계로 인해 교류의 확대가 예상되며, 일본이 강대국이 됨에 따라 세계 속의 일본어의 위상도 높아지고 있다.

또한 최근에는 일본 문화가 개방됨에 따라 일본 문화의 이해를 위해서만이 아니라 일본의 사회 · 역사 · 정치 · 경제 또는 일본의 선진 기술이나 정보를 알기 위해 일본어의 필요성은 더욱 높아지고 있다.

종래의 교재는 주로 문법 중심, 문형 중심, 강독 중심, 회화 중심 중 어느 한 부분에 중점을 둔 교재가 많았으나 한 부분에 중점을 둔 학습법은 일본어를 습득하는 데 있어서 지루함을 느끼거나 실제로 구사하는 데 있어서 응용력의 결여라는 단점을 갖고 있다.

본 교재는 이러한 관점에서 일본어의 초급 단계에서 출발하여 중급 단계에서 익혀야 할 종합적인 사항들을 매 과의 본문 · 단어 · 문법해설 · 문형연습 · 작문연습을 통해 완전히 이해하고 습득할 수 있도록 난이도 별로 체계적으로 쓰여 있다.

이러한 관점에서 쓰여진 본 교재의 특징 및 구성은 다음과 같다.

1 다양한 학습자를 위하여 본문 내용을 강독 · 회화 · 읽기 · 편지 등 다양한 본문 내용을 수록하여 구체적인 상황에 응용할 수 있도록 하였다.

2 초・중급 단계에서 자주 활용되는 생활 어휘 및 문형을 중심으로 자연스럽게 학습되도록 반복하여 수록하였고, 이번 신개정판을 출간하면서 학습자들이 좀 더 많이 사용할 수 있는 활용도 높은 어휘들로 바꾸었다. 또한 처음 배우는 학습자를 위하여 새로운 한자에는 독음을 달아 놓았다.

3 일본어의 문법 구조를 한눈에 체계적으로 이해할 수 있도록 모든 문법 해설을 도표로 정리하였으며, 이론에 치우친 문법 설명보다는 실례를 통하여 자연스럽게 이해될 수 있도록 다양한 용례를 들었다.

4 도표를 통한 문법 학습 후 학습한 예에 맞게 반복 연습이 이루어져 문법 사항이 자연스레 익혀지도록 문형 연습을 마련하였다.

5 도표를 통한 문법 학습과 문형 연습을 통해 익힌 문법 사항・문형 사항들이 완전히 숙지되었는가 확인하고 나아가 구체적인 상황하에서 응용할 수 있도록 작문연습을 두었다.

6 일본어의 습득뿐만이 아니라 일본 문화에 대한 관심을 나타내는 학습자의 욕구에 부응하기 위해 일본 문화에 대해서도 간략하게 소개하고 있다.

끝으로 이 교재가 일본어를 종합적・체계적으로 습득하고자 하는 학습자 여러분에게 작으나마 도움이 되기를 바라며, 출판을 허락해 주신 시사일본어사의 엄호열 사장님을 비롯한 담당자 여러분들과 삽화를 그린 김성신양에게도 감사의 말씀을 드린다.

목차

일본어의 문자

일본어의 문자는 ひらがな(平仮名 : 히라가나), カタカナ(片仮名 : 가타카나), 한자 그리고 경우에 따라서 로마자가 사용되고 있다. 그러나 일본어의 기본이 되는 문자는 かな(가나)이며, 이들 문자는 한자에서 만들어졌다.

1 ひらがな(平仮名)

한자의 초서체를 더욱 간략하게 만든 것으로, 보통 일본어의 표기는 ひらがな 또는 ひらがな와 한자를 함께 쓴다.

예) わたし[watashi] : 저, 行く[iku] : 가다, あなた[anata] : 당신

あ	安	あ
い	以	い
う	宇	う
え	衣	え
お	於	お

か	加	か
き	幾	き
く	久	く
け	計	け
こ	己	こ

さ	左	さ
し	之	し
す	寸	す
せ	世	せ
そ	曽	そ

た	太	た
ち	知	ち
つ	川	つ
て	天	て
と	止	と

な	奈	な
に	仁	に
ぬ	奴	ぬ
ね	祢	ね
の	乃	の

は	波	は
ひ	比	ひ
ふ	不	ふ
へ	部	へ
ほ	保	ほ

ま	末	ま
み	美	み
む	武	む
め	女	め
も	毛	も

や	也	や
ゆ	由	ゆ
よ	与	よ

ら	良	ら
り	利	り
る	留	る
れ	礼	れ
ろ	呂	ろ

わ	和	わ
い	為	ゐ
え	恵	ゑ
を	遠	を

ん	无	ん

2 カタカナ(片仮名)

한자의 획에서 일부분을 생략해서 쓰는 것으로, ひらがな와는 달리, 그 쓰임이 제한적이다. 외래어, 의성어, 의태어, 전보문, 동・식물명이나 특별히 강조하고 싶은 경우에 주로 사용된다.

예) パソコン[pasokon] : 컴퓨터, ニャーニャー[nya:nya:] : 야옹야옹

ア	阿	ア	カ	加	カ	サ	散	サ	タ	多	タ
イ	伊	イ	キ	幾	キ	シ	之	シ	チ	千	チ
ウ	宇	ウ	ク	久	ク	ス	須	ス	ツ	川	ツ
エ	江	エ	ケ	介	ケ	セ	世	セ	テ	天	テ
オ	於	オ	コ	己	コ	ソ	曽	ソ	ト	止	ト

ナ	奈	ナ	ハ	八	ハ	マ	末	マ	ヤ	也	ヤ
ニ	二	ニ	ヒ	比	ヒ	ミ	三	ミ			
ヌ	奴	ヌ	フ	不	フ	ム	牟	ム	ユ	由	ユ
ネ	祢	ネ	ヘ	部	ヘ	メ	女	メ			
ノ	乃	ノ	ホ	保	ホ	モ	毛	モ	ヨ	与	ヨ

ラ	良	ラ	ワ	和	ワ	ン	祢	ン
リ	利	リ	ヰ	井	ヰ			
ル	流	ル						
レ	礼	レ	ヱ	恵	ヱ			
ロ	呂	ロ	ヲ	呼	ヲ			

3 漢字(かんじ:한자)

한자나 한자어로 표현할 수 있는 말로, 일본어의 한자체는 복잡한 획을 간략하게 줄여서 쓰는 약자(略字)나, 속자(俗字)이다.

많은 한자 중에서 常用漢字 (상용한자)라 하여 1945字를 주로 사용하며 신문이나 공공 매체 등에서는 상용한자만을 쓰도록 되어 있다.

예) 國 ➡ 国(音 : こく[koku]／訓 : くに[kuni]) : 나라

體 ➡ 体(音 : たい[tai]／訓 : からだ[karada]) : 몸

4 五十音図 (ごじゅうおんず : 오십음도)

五十音図는 일본의 문자 仮名를 일정한 순서에 따라 5字씩 10行으로 배열한 것이다.

あ a	い i	う u	え e	お o
か ka	き ki	く ku	け ke	こ ko
さ sa	し shi(si)	す su	せ se	そ so
た ta	ち chi(ti)	つ tsu	て te	と to
な na	に ni	ぬ nu	ね ne	の no
は ha	ひ hi	ふ fu(hu)	へ he	ほ ho
ま ma	み mi	む mu	め me	も mo
や ya		ゆ yu		よ yo
ら ra	り ri	る ru	れ re	ろ ro
わ wa				を o
ん n				

ア a	イ i	ウ u	エ e	オ o
カ ka	キ ki	ク ku	ケ ke	コ ko
サ sa	シ shi(si)	ス su	セ se	ソ so
タ ta	チ chi(ti)	ツ tsu	テ te	ト to
ナ na	ニ ni	ヌ nu	ネ ne	ノ no
ハ ha	ヒ hi	フ fu(hu)	ヘ he	ホ ho
マ ma	ミ mi	ム mu	メ me	モ mo
ヤ ya		ユ yu		ヨ yo
ラ ra	リ ri	ル ru	レ re	ロ ro
ワ wa				ヲ o
ン n				

일본어의 발음

CD 1-01

1 清音(せいおん : 청음)

あ a	か ka	さ sa	た ta	な na	は ha	ま ma	や ya	ら ra	わ wa
い i	き ki	し shi	ち chi	に ni	ひ hi	み mi		り ri	
う u	く ku	す su	つ tsu	ぬ nu	ふ fu	む mu	ゆ yu	る ru	
え e	け ke	せ se	て te	ね ne	へ he	め me		れ re	
お o	こ ko	そ so	と to	の no	ほ ho	も mo	よ yo	ろ ro	を o

(1) 母音

あ a	い i	う u	え e	お o	あい、いえ、うお、うえ、あお

(2) 子音

か ka	き ki	く ku	け ke	こ ko	かき、えき、きく、いけ、こえ
さ sa	し shi	す su	せ se	そ so	さけ、すし、うそ、せかい、きそ
た ta	ち chi	つ tsu	て te	と to	たこ、ちかてつ、つき、てあし、とけい
な na	に ni	ぬ nu	ね ne	の no	なに、にし、ぬの、ねこ、のき
は ha	ひ hi	ふ fu	へ he	ほ ho	はな、あさひ、ふね、へそ、ほお
ま ma	み mi	む mu	め me	も mo	うま、みみ、むね、あめ、きもの
ら ra	り ri	る ru	れ re	ろ ro	とら、りそう、さる、れきし、ろうか

(3) 半母音

や ya		ゆ yu		よ yo	やね、つゆ、よる
わ wa					わたし、にわ

2 濁音(だくおん:탁음)

が ga	ぎ gi	ぐ gu	げ ge	ご go	がいこく、ぎかい、ぐあい、かげ、ごご
ざ za	じ ji	ず zu	ぜ ze	ぞ zo	ざせき、ねじ、かず　かぜ、ぞう
だ da	ぢ ji	づ zu	で de	ど do	だるま、はなぢ、こづつみ、うで、まど
ば ba	び bi	ぶ bu	べ be	ぼ bo	ばら、はなび、ぶどう、かべ、ぼうし

3 半濁音(はんだくおん:반탁음)

ぱ pa	ぴ pi	ぷ pu	ぺ pe	ぽ po	でんぱ、しんぴ、しんぷ、ぺらぺら、さんぽ

4 拗音(ようおん:요음)

きゃ kya	きゅ kyu	きょ kyo	きゃく、きゅうり、きょういく
ぎゃ gya	ぎゅ gyu	ぎょ gyo	ぎゃく、ぎゅうなべ、ぎょそん
しゃ sha	しゅ shu	しょ sho	しゃかい、せんしゅ、としょかん
じゃ ja	じゅ ju	じょ jo	かんじゃ、じゅうしょ、じょせい
ちゃ cha	ちゅ chu	ちょ cho	おちゃ、ちゅうけい、ちょちく
にゃ nya	にゅ nyu	にょ nyo	こんにゃく、ゆにゅう、なんにょ
ひゃ hya	ひゅ hyu	ひょ hyo	ひゃく、ヒューヒュー、ひょうしき
びゃ bya	びゅ byu	びょ byo	さんびゃく、ビュービュー、びょういん
ぴゃ pya	ぴゅ pyu	ぴょ pyo	ろっぴゃく、コンピューター、ぴょこぴょこ
みゃ mya	みゅ myu	みょ myo	みゃく、ミュージカル、みょうにち
りゃ rya	りゅ ryu	りょ ryo	りゃくじ、りゅうがく、りょこう

5 撥音(はねるおん:발음)

ん+ば・ぱ・ま행[m]	とんぼ、えんぴつ、さんま
ん+た・だ・な・ら행[n]	せんたく、あんだ、おんな、けんり
ん+か・が행[ŋ]	かんこく、おんがく、りんご
ん+さ・ざ행 모음・반모음 ん으로 끝날 때 [N]	けんさ、あんしん、かんじ れんあい、ほんや、でんわ ほん、せんもん、にほん

6 促音(つまるおん:촉음)

っ+か행[k]	こっか、さっき、そっくり、こっけい、がっこう
っ+さ행[s]	きっさてん、ざっし、まっすぐ、せっせと、さっそく
っ+た행[t]	ぜったい、あっち、くっつく、きって、なっとう
っ+ぱ행[p]	いっぱい、がっぴ、きっぷ、てっぺき、しっぽ

7 長音(ちょうおん:장음)

あ단+あ[ā]	さあ[sā]、さ[sa] おばあさん[obāsan]、おばさん[obasan]
い단+い[ī]	いいえ[īe]、いえ[ie] おじいさん[ojīsan]、おじさん[ojisan]
う단+う[ū]	ゆうき[yūki]、ゆき[yuki] いっしゅう[isshū]、いっしゅ[isshu]
え단+え[ē]	おねえさん[onēsan]、あね[ane]
え단+い[ē]	せいかい[sēkai]、せかい[sekai] へいや[hēya]、へや[heya]
お단+お[ō]	おおく[ōku]、おく[oku] とおい[tōi]、とい[toi]
お단+う[ō]	ようじ[yōji]、よじ[yoji] にんぎょう[ningyō]、にんぎょ[ningyo]

표기법 表記法：仮名遣い

1 現代仮名遣い의 유의사항

(1) 조사「は・へ・を」

① 조사 [wa]는 は로 쓴다.　예) わたしは[watashiwa]：나는

② 조사 [e]는 へ로 쓴다.　예) うちへ[uchie]：집에

③ 조사 [o]는 を로 쓴다.　예) かばんを[kabano]：가방을

(2) じ・ぢ [ji], ず・づ [zu]

예) あじ[aji]：맛 — はなぢ[hanaji]：코피
みず[mizu]：물 — つづみ[tsuzumi]：북

2 외래어 표기법(外来語表記法)

① 장음(長音)은「ー」으로 나타낸다.
예) ニュース〔news〕、タクシー〔taxi〕

② 외래어 표기를 위해서 ア・イ、エ・オ를 작게 쓰기로 한다.
예) ファッション〔fashion〕、フィルム〔film〕、チェス〔chess〕

③ [f]음은 ファ・フィ・フ・フェ・フォ로 쓴다.
예) ファックス〔fax〕、フィルム〔film〕、フランス〔France〕
フェア〔fair〕、フォーク〔fork〕

④ [v]음을 전에는 ヴァ・ヴィ・ヴ・ヴェ・ヴォ로 표기했었으나 バ・ビ・ブ・ベ・ボ로 쓴다.
예) バイオリン〔violin〕、ビデオ〔video〕

⑤ [ti]는 ◎ティ, [di]는 ◎ディ로 쓴다.
예) ◎パーティー〔party〕、ウェディング〔wedding〕

⑥ [tu]는 ◎ツ, [t]는 ◎ツ 또는 ト로 쓴다.
예) ◎ツー〔two〕、ツアー〔tour〕、トラック〔track〕

글자 쓰기

ひらがな
カタカナ

あ	あ	あ	あ	あ					
い	い	い	い	い					
う	う	う	う	う					
え	え	え	え	え					
お	お	お	お	お					

か	か	か	か	か					
き	き	き	き	き					
く	く	く	く	く					
け	け	け	け	け					
こ	こ	こ	こ	こ					

さ	さ	さ	さ	さ						
し	し	し	し	し						
す	す	す	す	す						
せ	せ	せ	せ	せ						
そ	そ	そ	そ	そ						

た	た	た	た	た						
ち	ち	ち	ち	ち						
つ	つ	つ	つ	つ						
て	て	て	て	て						
と	と	と	と	と						

な	な	な	な	な					
に	に	に	に	に					
ぬ	ぬ	ぬ	ぬ	ぬ					
ね	ね	ね	ね	ね					
の	の	の	の	の					

は	は	は	は	は					
ひ	ひ	ひ	ひ	ひ					
ふ	ふ	ふ	ふ	ふ					
へ	へ	へ	へ	へ					
ほ	ほ	ほ	ほ	ほ					

ま	ま	ま	ま
み	み	み	み
む	む	む	む
め	め	め	め
も	も	も	も

や	や	や	や
ゆ	ゆ	ゆ	ゆ
よ	よ	よ	よ

ら　、 ら　ら ら ら

り　い り　り り り

る　る　る る る

れ　| れ　れ れ れ

ろ　ろ　ろ ろ ろ

わ　| わ　わ わ わ

を　ー ナ を　を を を

ん　ん　ん ん ん

ひらがな 복습 II

あ			か			さ			た		
い			き			し			ち		
う			く			す			つ		
え			け			せ			て		
お			こ			そ			と		

な			は			ま			や		
に			ひ			み					
ぬ			ふ			む			ゆ		
ね			へ			め					
の			ほ			も			よ		

ら			わ			ん		
り								
る								
れ								
ろ			を					

あ行	あ		い		う		え		お	
か行	か		き		く		け		こ	
さ行	さ		し		す		せ		そ	
た行	た		ち		つ		て		と	
な行	な		に		ぬ		ね		の	
は行	は		ひ		ふ		へ		ほ	
ま行	ま		み		む		め		も	
や行	や				ゆ				よ	
ら行	ら		り		る		れ		ろ	
わ行	わ								を	
									ん	

ア	フ ア	ア	ア	ア					
イ	ノ イ	イ	イ	イ					
ウ	' '' ウ	ウ	ウ	ウ					
エ	一 丁 エ	エ	エ	エ					
オ	一 十 オ	オ	オ	オ					

カ	フ カ	カ	カ	カ					
キ	一 二 キ	キ	キ	キ					
ク	ノ ク	ク	ク	ク					
ケ	ノ 𠂉 ケ	ケ	ケ	ケ					
コ	㇆ コ	コ	コ	コ					

サ	サ	サ	サ	サ
シ	シ	シ	シ	シ
ス	ス	ス	ス	ス
セ	セ	セ	セ	セ
ソ	ソ	ソ	ソ	ソ
タ	タ	タ	タ	タ
チ	チ	チ	チ	チ
ツ	ツ	ツ	ツ	ツ
テ	テ	テ	テ	テ
ト	ト	ト	ト	ト

ナ	一 ナ	ナ	ナ	ナ					
ニ	一 ニ	ニ	ニ	ニ					
ヌ	フ ヌ	ヌ	ヌ	ヌ					
ネ	丶 ラ ネ ネ	ネ	ネ	ネ					
ノ	ノ	ノ	ノ	ノ					

ハ	ノ ハ	ハ	ハ	ハ					
ヒ	一 ヒ	ヒ	ヒ	ヒ					
フ	フ	フ	フ	フ					
ヘ	ヘ	ヘ	ヘ	ヘ					
ホ	一 十 オ ホ	ホ	ホ	ホ					

マ	マ	マ	マ
ミ	ミ	ミ	ミ
ム	ム	ム	ム
メ	メ	メ	メ
モ	モ	モ	モ

ヤ	ヤ	ヤ	ヤ
ユ	ユ	ユ	ユ
ヨ	ヨ	ヨ	ヨ

ラ	一 ラ	ラ	ラ	ラ					
リ	丨 リ	リ	リ	リ					
ル	ノ ル	ル	ル	ル					
レ	レ	レ	レ	レ					
ロ	丨 冂 ロ	ロ	ロ	ロ					

ワ	丨 ワ	ワ	ワ	ワ					
ヲ	一 ニ ヲ	ヲ	ヲ	ヲ					
ン	丶 ン	ン	ン	ン					

ア			カ			サ			タ		
イ			キ			シ			チ		
ウ			ク			ス			ツ		
エ			ケ			セ			テ		
オ			コ			ソ			ト		

ナ			ハ			マ			ヤ		
ニ			ヒ			ミ					
ヌ			フ			ム			ユ		
ネ			ヘ			メ					
ノ			ホ			モ			ヨ		

ラ			ワ			ン		
リ								
ル								
レ								
ロ			ヲ					

ア行	ア		イ		ウ		エ		オ	
カ行	カ		キ		ク		ケ		コ	
サ行	サ		シ		ス		セ		ソ	
タ行	タ		チ		ツ		テ		ト	
ナ行	ナ		ニ		ヌ		ネ		ノ	
ハ行	ハ		ヒ		フ		ヘ		ホ	
マ行	マ		ミ		ム		メ		モ	
ヤ行	ヤ				ユ				ヨ	
ラ行	ラ		リ		ル		レ		ロ	
ワ行	ワ								ヲ	
									ン	

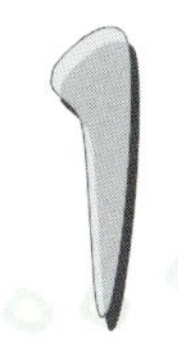

これは何ですか

CD 1-02

山田さん、これは何ですか。

— それはコンピューターです。

それは何ですか。

— これはゲーム機です。

では、あれは何ですか。

— あれですか。あれはコピー機です。

あれもコピー機ですか。

— いいえ、あれはコピー機ではありません。プリンターです。

では、ビデオはどれですか。

— ビデオはこれです。

山田（やまだ）　何（なん）　機（き）

어구풀이

さん 씨(호칭)

コンピューター 컴퓨터

ゲーム 게임

では 그러면, 그럼

あれですか 저것 말입니까

コピー 복사

いいえ 아니오

プリンター 프린터

ビデオ 비디오

문형해설

CD 1-03 **1 명사의 정중한 단정(의문) 표현**

명 사	+	긍 정	부 정
		～です(か) ～입니다(까)	～では(じゃ)ありません ～이(가) 아닙니다

- ゲーム機(き)**です**。
- プリンター**ですか** 。
- コピー機**ではありません**。

2 지시대명사

사물	근 칭	중 칭	원 칭	부정칭
	これ(이것)	それ(그것)	あれ(저것)	どれ(어느것)

- **これ**ですか。
- はい、**それ**です。
- **あれ**ではありません。
- では、**どれ**ですか。

3 조사『は』·『も』

		긍 정	부 정
명사	は[wa](은 · 는) も[mo](도)	～です	～ではありません (～じゃありません)

- これはなんですか。
- それもカメラです。
- では、テープはどれですか。
- あれはボールペンではありません。

문형연습

1 다음의 질문을 보기와 같이 주어진 단어로 답하시오.

これは何(なん)ですか。(えんぴつ) ➡ それはえんぴつです。

① それは何ですか。(テレビ)

➡ ______________________

② あれは何ですか。(東京(とうきょう)タワー)

➡ ______________________

③ ラジオはどれですか。(あれ)

➡ ______________________

2 다음의 문을 보기와 같은 문형으로 답해 보시오.

> これはノートパソコンですか。(ノートパソコン・デスクトップパソコン)
>
> ➡ はい、それはノートパソです。
>
> ➡ いいえ、それはノートパソではありません。デスパソです。

① それは雑誌ですか。(雑誌(ざっし)・新聞(しんぶん))

➡ ______________________________

➡ ______________________________

② あれは本ですか。(本(ほん)・ノート)

➡ ______________________________

➡ ______________________________

③ これもファックスですか。(ファックス・プリンター)

➡ ______________________________

➡ ______________________________

작문연습

① 이것은 무엇입니까?

______________________________ (何(なん))

② 그것은 연필입니다.

______________________________ (鉛筆(えんぴつ))

③ 인터넷 잡지는 어느 것입니까?

(インターネット雑誌(ざっし))

④ 저것도 사전이 아닙니다.

(辞書(じしょ))

⑤ 이것은 쥬스가 아닙니다. 커피입니다.

(ジュース・コーヒー)

花火

花火(はなび)는 일본 여름의 저녁을 장식하는 풍물로, 대단히 인기가 있다. 불꽃놀이는 대개 강가에서 쏘아 올리며, 그 중에서도 가장 잘 알려진 것은 동경의 隅田川(すみだがわ)에서 매년 쏘아 올리는 것이다. 일본의 불꽃을 쏘아올리는 기술은 대단히 발전하였고, 세계에서도 주목받고 있다. 불꽃놀이 기술은 徳川(とくがわ)막부가 정권을 잡았을 무렵부터 오늘날까지, 대대로 전해 내려오고 있다. 강에서 쏘아 올리는 불꽃놀이를 바라보는 것은 여름의 커다란 즐거움 중의 하나이다.

1 その雑誌もあなたのですか

CD 1-04

これは何の本ですか。

— 日本語の本です。

あれは誰の本ですか。

— 私の本です。

その雑誌もあなたのですか。

— いいえ、これは私のではありません。友だちのです。

田中さん、あの人はだれですか。

— あの人は山田さんです。

山田さんも韓国大学の留学生ですか。

— はい、そうです。

ところで、あの方はどなたですか。

— あの方は金先生です。

本(ほん)　日本語(にほんご)　誰(だれ)　雑誌(ざっし)　友(とも)だち　田中(たなか)　人(ひと)　山田(やまだ)

韓国大学(かんこくだいがく)　留学生(りゅうがくせい)　方(かた)

어구풀이

だれ 누구
あなた 당신
わたし(私) 나, 저

はい 네
そうです 그렇습니다
ところで 그런데

문형해설

CD 1-05 **1 인칭대명사**

자 칭 (1인칭)	대 칭 (2인칭)
わたし(저)、ぼく(나)	あなた(당신)、きみ(자네)、おまえ(너)

・**わたし**は金(キム)です。

・**あなた**は学生(がくせい)ですか。

・**ぼく**も生徒(せいと)ではありません。

2 조사『の』

연체용법	명사+の+명사	(의)
준체용법	명사+の+です(か) 명사+の+ではありません	~것 입니다(까) ~것이 아닙니다

・これは英語(えいご)**の**本(ほん)ではありません。

・それも山田さん**の**です。

・田中(たなか)さん**の**はどれですか。

3 연체사 + 명사

근 칭	중 칭	원 칭	부정칭	+ 명사
この(이)	その(그)	あの(저)	どの(어느)	

- **この**ボールペンは私(わたし)の先輩(せんぱい)のです。
- **その**ノートは先生(せんせい)のではありません。
- スミスさんは**どの**人(ひと)ですか。

4 인칭(의문)대명사의 정중한 표현

보통체	この人(ひと) (이 사람)	その人 (그 사람)	あの人 (저 사람)	どの人 (어느 사람)	誰(だれ) (누구)
정중체	この方(かた) (이 분)	その方 (그 분)	あの方 (저 분)	どの方 (어느 분)	どなた (어느 분)

- **この人**は**だれ**ですか。
- **その人**も私の友達(ともだち)です。
- **あの方(かた)**は**どなた**ですか。

문형연습

1 다음의 주어진 단어로 보기와 같이 문을 완성하시오.

> 日本(にほん)／漫画(まんが) ➡ これは日本の漫画です。

① 韓国(かんこく)／花(はな)

➡ これは ____________________

② わたし／財布(さいふ)

➡ それは ______________________

③ 山田さん／かばん

➡ あれは ______________________

2 다음의 질문을 보기와 같이 답하시오.

このけしゴムは誰(だれ)のですか。（私(わたし)） ➡ 私のです。

① そのDVD(ディブイディー)は誰のですか。(友(とも)だち)

➡ ______________________

② あのモニターは誰のですか。(先生(せんせい))

➡ ______________________

③ このテレホンカードは誰のですか。(後輩(こうはい))

➡ ______________________

3 다음 (　) 안에 알맞은 말을 써 넣으시오.

① この人(ひと)は(　　　　)ですか。　金さんです。

② その方(かた)は(　　　　)ですか。　山田先生(せんせい)です。

③ (　　　　)の先生ですか。　日本語の先生です。

④ この(　　　　)も日本語の先生ですか。　いいえ、英語(えいご)の先生です。

⑤ あの(　　　　)は日本語学科(がっか)の学生ですか。　はい、そうです。

작문연습

① 이것은 무슨 사진입니까?

(写真(しゃしん))

② 그 신문도 내 것이 아닙니다.

(新聞(しんぶん))

③ 야마다 씨는 어느 사람입니까?

(山田(やまだ))

④ 저 분도 중국어 선생님입니까?

(中国語(ちゅうごくご))

⑤ 아니오. 그렇지 않습니다. 여자 친구 것입니다.

(女(おんな)の友(とも)だち)

教育

일본인들은 교육을 대단히 중요시한다. 일본이 세계에서 손꼽히는 지식률을 자랑하고 있는 것도, 여기에 열쇠가 있다고 말할 수 있다. 제2차 세계대전 후 일본 학교에서는 미국과 비슷한 교육제도를 채택하였다. 의무교육은 6년부터 9년으로 연장하였고, 유치원부터 대학에 이르기까지, 남녀공학제도가 도입되었다. 기본적으로, 일본의 교육은 소학교 6년, 중학교 3년, 고등학교 3년으로 되어있다. 고등교육은 단기대학이 2년, 대학이 4년으로 되어있다.

山田さんはどこにいますか

CD 1-06

すみません、文学コーナーはどちらですか。

— 文学コーナーはこちらです。

語学コーナーもこちらですか。

— いいえ、語学コーナーはあちらです。

どうもありがとうございます。

すみません、CDはありますか。

— はい、CDはあそこの中国語の本の右側にあります。

どうも。

あのう、山田さんはどこにいますか。

— ああ、山田さんは漫画コーナーにいます。漫画コーナーは韓国語の本の左側です。

ありがとう。

文学（ぶんがく）　語学（ごがく）　中国語（ちゅうごくご）　右側（みぎがわ）　漫画（まんが）　韓国語（かんこくご）　左側（ひだりがわ）

어구풀이

すみません 여보세요, 미안합니다

コーナー 코너, 매장

どうも 정말, 참으로, 매우

ありがとうございます 고맙습니다

あのう 저(생각이나 말이 막혔을 때 내는 소리)

ああ 아

문형해설

CD 1-07

1 존재의 표현(1)

명사 (사물 · 식물) +	조 사	긍 정	부 정	의 문
	は(은 · 는) が(이 · 가) も(도)に(에)	あります (있습니다)	ありません (없습니다)	ありますか ありませんか

- 日本(にほん)の新聞(しんぶん)**はありません**。
- 教室(きょうしつ)に椅子(いす)**があります**。
- この教室(きょうしつ)には机(つくえ)**もありません**。

2 존재의 표현 (2)

명사 (인간 · 동물) +	조 사	긍 정	부 정	의 문
	は が も	います (있습니다)	いません (없습니다)	いますか いませんか

- 学生(がくせい)**がいます**。
- 誰(だれ)**もいません**。
- さかな**もいますか**。

3 지시대명사

	근 칭	중 칭	원 칭	부정칭
장 소	ここ(여기)	そこ(거기)	あそこ(저기)	どこ(어디)
방 향	こちら(이쪽)	そちら(그쪽)	あちら(저쪽)	どちら(어느쪽)

- あなたの家(うち)は**どこ**ですか。
- バスターミナルは**あちら**です。
- すみません、韓国大学(かんこくだいがく)は**どちら**ですか。

4 조사『に』

지시대명사	+	장소・방향	존 재
		に(에)	ありますか(か) います(か)

- 中村(なかむら)さんの車(くるま)はあそこ**に**あります。
- 教室(きょうしつ)はどちら**に**ありますか。
- 金さんはどこ**に**いますか。

문형연습

1 (　) 안에 알맞은 말을 써 넣으시오.

① ここに何(なに)がありますか。 ➡ テレビ (　　　) あります。

② 田中(たなか)さんはどこにいますか。 ➡ あそこ (　　　) います。

③ あそこに誰(だれ)がいますか。 ➡ やまもとさん (　　　) います。

④ ソウル駅(えき)もあちらですか。 ➡ はい、ソウル駅も (　　　) です。

2 다음의 질문에 알맞은 답을 쓰시오.

① つくえの上(うえ)に何(なに)がありますか。(ラジオ)

➡ ______________________________

② 庭(にわ)にはねこもいますか。(いいえ)

➡ ______________________________

③ 教室(きょうしつ)には誰(だれ)がいますか。(だれも)

➡ ______________________________

④ 池(いけ)の中(なか)に何かいますか。(何も)

➡ ______________________________

3 다음의 질문을 보기와 같은 문형으로 답하시오.

> あなたの家(うち)はどのへんにありますか。(駅(えき)のそば)
>
> ➡ 駅のそばにあります。

① あなたの会社(かいしゃ)はどこにありますか。(東京(とうきょう))

➡ ______________________________

② 本屋(ほんや)も地下(ちか)にありますか。(地下(ちか))

➡ ______________________________

③ 犬(いぬ)はどこにいますか。(外(そと))

➡ ______________________________

④ 金さんも研究室(けんきゅうしつ)にいますか。(講義室(こうぎしつ))

➡ ______________________________

작문연습

① 도서관은 어느 쪽입니까?

(図書館(としょかん))

② 식당도 저쪽에 있습니다.

(食堂(しょくどう))

③ 일본만화 테이프는 없습니다.

(アニメのビデオテープ)

④ 다나카 씨는 어디에 있습니까?

(田中(たなか))

⑤ 옆방에는 아무도 없습니까?

(隣(となり)の部屋(へや))

カラオケ

「カラ」는 거짓을 나타내고, 「オケ」는 오케스트라의 단축형으로, 「カラオケ」는 곡을 붙이지 않은 오케스트라 음악이라는 의미이다. 누구라도 반주에 맞추어 노래를 부르고, 프로 가수의 기분을 즐기는 것이다. 대부분 모든 가요곡은 カラオケ의 테잎에 있으며, カラオケ에 관한 한, 일본인은 엔카(演歌)를 좋아하는 것 같다. 엔카란 일본인의 마음을 노래한 구슬픈 멜로디의 노래이다. 술을 마시는 장소에는 대개 カラオケ장치가 있지만, 그 중에서는 프로급의 정교한 장치를 갖춘 것도 있다. カラオケ는 최근, 한국・미국・영국 등에서도 대중화되었다.

赤い車は金さんのですか

CD 1-08

この洋服は私には大きくありませんか。

— いいえ、ぴったりです。新しい洋服ですか。

はい。

— 高いものですか。

いいえ、高くありません。安いです。

— このかばんも新しいものですか。

いいえ、そのかばんは新しいものではありません。

古いものです。

— とても重いですね。

ええ。

— 中に何がありますか。

日本語の辞書と英語の辞書があります。

あそこの赤い車は金さんのですか。

— いいえ、私のはあの白いのです。

洋服(ようふく)　大きい(おおきい)　新しい(あたらしい)　高い(たかい)　安い(やすい)　古い(ふるい)　重い(おもい)

中(なか)　何(なに)　辞書(じしょ)　赤い(あかい)　車(くるま)　白い(しろい)

어구풀이

ぴったり 딱 맞는다(어울린다)
もの 것(사물을 나타내는 추상명사)
かばん(鞄) 가방
とても 대단히, 매우
ね ~요, ~군요(가벼운 감동이나, 상대에게 동의를 구할 때 사용)
と 와, 과

문형해설

CD 1-09

1 형용사의 기본형

大(おお)きい	長(なが)い	明(あか)るい	高(たか)い
新(あたら)しい	白(しろ)い	暑(あつ)い	重(おも)い
かわいい	優(やさ)しい	辛(から)い	

2 형용사의 현재표현 (정중체)

기본형	긍 정	부 정
やさしい (상냥하다)	やさしい**です(か)** ~합니다(까)	やさしく**ありません** ~하지 않습니다

- この本は高い**です**。 ➡ この本は高く**ありません**。
- 私の部屋は明るい**です**。 ➡ 私の部屋は明るく**ありません**。
- あのトランクは重い**です**。 ➡ あのトランクは重く**ありません**。

3 형용사의 연체수식

형용사의 기본형	+	명사	赤(あか)**い**かばん 빨간 가방

- これは安いネクタイです。
- この丸いテーブルはいくらですか。
- 軽いのはありませんか。

4 조사『に』

장소를 나타내는 명사	＋に	에, (으)로	家に、学校に
사람을 나타내는 명사		에게	私に、先生に

- 山田さんは家にいます。
- 学校にも郵便局がありますか。
- この靴は私には小さいです。
- この本は子供には難しいです。

문형연습

1 다음의 주어진 단어로 보기와 같이 문을 완성하시오.

このお人形はいくらですか。(かわいい) ➡ このかわいいお人形はいくらですか。

① そのかばんは山田さんのです。(白い)

➡ ______________________________

② この荷物は誰のですか。(重い)

➡ ______________________________

③ あの人は誰ですか。(背が高い)

➡ ______________________________

2 다음의 질문을 보기와 같은 문형으로 바꾸시오.

> あなたの車(くるま)は新(あたら)しいですか。
>
> ➡ いいえ、 新しくありません。

① この小(ちい)さい鞄(かばん)は重いですか。

➡ いいえ、____________________

② あのお菓子(かし)は甘(あま)いですか。

➡ いいえ、____________________

③ 日本のラーメンも辛(から)いですか。

➡ いいえ、____________________

④ あなたの自転車(じてんしゃ)は古(ふる)いですか。

➡ いいえ、____________________

⑤ 山田さんは髪(かみ)が長いですか。

➡ いいえ、____________________

작문연습

① 일본의 물가는 무척 비쌉니다.

(物価(ぶっか)、とても高(たか)い)

____

② 北海道(ほっかいどう)의 여름은 덥지 않습니다.

(夏(なつ)、暑(あつ)い)

____

③ 이 기차는 빠릅니까?

(汽車(きしゃ)、速(はや)い)

____

④ 저 귀여운 여자아이는 누구에요?

(かわいい、女の子)

⑤ 이 와이셔츠는 나에게는 좀 크지 않습니까?

(ワイシャツ、少し)

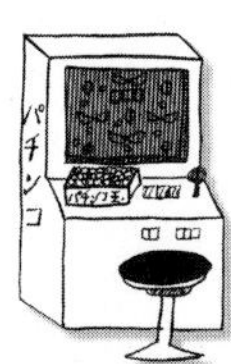

パチンコ

원래 パチンコ는 아이들의 마블게임이였지만, 현재는 몇 백만인의 어른들이 오락과 돈벌이를 겸비한 실용적인 게임으로 즐기고 있다. パチンコ는 작은 쇠구슬을 사서, 수직으로 선 パチンコ기계의 구슬 접시에 넣고, 핸들을 사용하여 튕겨 올려 표적인 구멍으로 들어가게 하는 것이다. 만약 튕긴 구슬이 해당 구멍에 들어가면, 기계에서 불이 반짝이고, 벨이 울리는 소리와 함께 구슬이 많이 나온다. 획득한 구슬은 담배・초코렛・캔디나 현금 이외의 상품과 교환할 수 있다. 가게에 따라서는 여러 가지 물건을 상품으로 설치하고 있다. パチンコ가게는 네온이 현란하고, 음악이 울리기 때문에 그것만으로도 알 수 있다.

5 どんなスポーツが好きですか

CD 1-10

田中さんはどんなスポーツが好きですか。

— 前はバスケットボールが好きでしたが、

　この頃は野球が 好きです。

そうですか。

— 日本では、前は野球が盛んでしたが、

　最近はサッカーがブームです。

　金さんはどんなスポーツが好きですか。

私はスポーツはあまり好きではありません。 料理が好きです。

— 得意な料理は何ですか。

焼き肉です。

— 私も焼き肉は大好きです。

　金さんは日本料理の中で嫌いな料理がありますか。

特にありませんが、納豆がちょっと苦手です。

好きだ（す）　前（まえ）　この頃（ごろ）　野球（やきゅう）　盛んだ（さか）　最近（さいきん）

料理（りょうり）　得意（とくい）　大好きだ（だいす）　嫌いだ（きら）　特に（とく）　納豆（なっとう）　苦手（にがて）

어구풀이

どんな　어떠한, 어떤
スポーツ　스포츠
バスケットボール　농구
~では　~에서는
サッカー　축구
ブーム　붐

あまり　그다지
焼(や)き肉(にく)　불고기, 구운 고기
~の中(なか)で　~중에서
~が　~만
ちょっと　좀, 조금(약간)

문형해설

CD 1-11

1 형용동사의 기본형

上手(じょうず)だ	嫌(きら)いだ	得意(とくい)だ	便利(べんり)だ
親切(しんせつ)だ	静(しず)かだ	きれいだ	好(す)きだ
元気(げんき)だ	にぎやかだ	立派(りっぱ)だ	

2 동사의 현재 · 과거표현 (정중체)

じょうずだ (능숙하다)	현재형	과거형
긍 정	上手です(~합니다)	上手でした(~했습니다)
부 정	上手では(じゃ)ありません (~하지 않습니다)	上手では(じゃ)ありませんでした (~하지 않았습니다)

- 交通(こうつう)が便利(べんり)です。➡ 交通が便利でした。
- 彼(かれ)は元気(げんき)です。➡ 彼は元気でした。
- この喫茶店(きっさてん)は有名(ゆうめい)ではありません。
  ➡ この喫茶店は有名ではありませんでした。

・私は彼女(かのじょ)が好きではありません。

➡ 私は彼女が好きではありませんでした。

3 형용동사의 연체수식

형용동사(な형용사)	な	+	명사	静(しず)かな町(まち)(조용한 마을) 好(す)きな人(좋아하는 사람)

・あの立派(りっぱ)な建物(たてもの)は何ですか。

・私が一番(いちばん) 好きな先生は金先生です。

・その町(まち)はにぎやかなところでしたか。

4 조사『が』

대상	が(을・를)	料理(りょうり)が好きだ(요리를 좋아하다) 旅行(りょこう)が嫌(きら)いだ(여행을 싫어하다)

・果物(くだもの)の中で何(なに)が一番 好きですか。(嫌いですか)

・私は桃(もも)が一番 好きです。(嫌いです)

・あなたは肉(にく)と魚(さかな) とどちらが好きですか。

문형연습

1 다음의 주어진 단어로 보기와 같은 문형으로 바꾸시오.

> 町(まち)／静(しず)かだ ➡ この町は静かです。
> この町は静かではありません。

① 金さん／まじめだ ➡ ______________________

____

② あの歌手(かしゅ)／有名(ゆうめい)だ ➡ ______________________

____

③ 李さん／日本語(にほんご)が上手(じょうず)だ ➡ ______________________

____

2 다음의 문을 보기와 같은 문형으로 바꾸시오.

> 私の部屋(へや)はきれいです。
> ➡ 前(まえ)も私の部屋はきれいでした。
> ➡ 前は私の部屋はきれいではありませんでした。

① スチュワーデスは親切(しんせつ)です。

➡ ______________________

➡ ______________________

② あのホテルの建物(たてもの)は立派(りっぱ)です。

➡ ______________________

➡ ______________________

③ 田村(たむら)さんはとてもすてきです。

➡ ______________________

➡ ______________________

④ この辺は空気(くうき)がさわやかです。

➡ ______________________

➡ ______________________

3 다음의 주어진 단어로 보기와 같이 문을 완성하시오.

りんご／好(す)きだ	➡	私はりんごが好きです。
嫌(きら)いだ	➡	私はりんごが嫌いです。

① まんが／好きだ ➡ あなたは ______________________ か。

嫌いだ ➡ あなたは ______________________ か。

② コンピューターゲーム／好きだ ➡ 私は ______________________ 。

嫌いだ ➡ 私は ______________________ 。

③ イチゴ ／好きだ ➡ あなたは ______________________ か。

嫌いだ ➡ あなたは ______________________ か。

작문연습

① 토마토는 어렸을 적에는 좋아하지 않았습니다.

(トマト、子供(こども)の時(とき))

____

② 김씨는 그다지 성실한 사람이 아닙니다.

(あまり、まじめな人)

____

③ 한국요리 중에서 특히 어떤 요리를 좋아합니까?

(料理(りょうり)、特(とく)に)

____

④ 외국어 중에서 가장 자신있는 것은 무엇입니까?

(外国語(がいこくご)、得意(とくい)な科目(かもく))

____

⑤ 그녀가 좋아하는 스포츠는 무엇입니까?

(彼女(かのじょ)、スポーツ)

____

スポーツ

일본에서는 본디, 학교 교육의 일환으로써 스포츠가 장려되어 왔다. 제2차 세계대전 전에는 신체와 정신을 단련할 목적으로, 서양풍의 육상 경기나 구기 종목 외에 유도, 검도인 무도도 교육 과정 속에 도입하였다. 전쟁 후에도 이전과 같이 학교 중심의 스포츠가 활발한 한편, 재미나 건강 유지를 위하여 스포츠를 하는 샐러리맨이나 가정주부가 급격히 증가하고 있다. 그리고 프로야구나 스모(相撲)등 "관람만 하는 스포츠"도 대단히 인기가 있다.

6 学校は月曜日から金曜日までです

CD 1-12

私は日本人で、韓国大学の1年生です。

学校は月曜日から金曜日までです。

授業は、月・火・金は午前9時から午後3時までで、

水・木は午前11時から午後5時までです。

私の専門は韓国史で、クラスメートは30人です。

女の学生が13人で、男の学生が17人です。

外国人は全部で4人です。

アメリカ人が2人、中国人が1人、そして、私です。

先生方はみんなやさしいです。

学生たちもみんな親切です。

それで、韓国での生活はとても楽しいです。

日本人（にほんじん）　大学（だいがく）　1年生（いちねんせい）　学校（がっこう）　授業（じゅぎょう）　午前（ごぜん）　午後（ごご）

専門（せんもん）　韓国史（かんこくし）　女（おんな）　学生（がくせい）　男（おとこ）　外国人（がいこくじん）　方（かた）

親切（しんせつ）　生活（せいかつ）

어구풀이

～から～まで	～부터～까지	**やさしい**	상냥하다, 다정하다
全部(ぜんぶ)で	전부해서	**～たち**	～들(복수를 나타냄)
そして	그리고	**それで**	그래서
みんな	모두	**楽(たの)しい**	즐겁다

문형해설

CD 1-13 **1 명사 + で**

품 사	접속사	의 미	예
명사 +	で	나열(으로, 이고)	大学生(だいがくせい)で(대학생이고)
		원인 · 이유(로)	仕事(しごと)で(일로)
		장소(에서)	日本(にほん)で(일본에서)

- 金さんは韓国人(かんこくじん)で、ブラウンさんはイギリス人(じん)です。
- 山田(やまだ)さんは病気(びょうき)で入院中(にゅういんちゅう)です。
- 富士山(ふじさん)は日本で一番高(たか)い山(やま)です。

2 수량표현

한어	一(いち)	二(に)	三(さん)	四(し・よん)	五(ご)	六(ろく)	七(しち・なな)	八(はち)	九(く・きゅう)	十(じゅう)
	十一(じゅういち)	十二(じゅうに)	十三(じゅうさん)	十四(じゅうし(よん))	十五(じゅうご)	十六(じゅうろく)	十七(じゅうしち)	十八(じゅうはち)	十九(じゅうきゅう)	
	二十(にじゅう)	三十(さんじゅう)	四十(よんじゅう)	五十(ごじゅう)	六十(ろくじゅう)	七十(ななじゅう)	八十(はちじゅう)	九十(きゅうじゅう)		

3 요일

何(なん)	月	火	水	木	金	土	日
曜日(ようび)	げつ	か	すい	もく	きん	ど	にち

- 学校は**何曜日**(なんようび)から**何曜日**までですか。
- **土曜日**(どようび)もお休(やす)みですか。
- 日本語の試験(しけん)は**月曜日**(げつようび)にあります。

4 시 · 년

何(なん)	1	2	3	4	5	6	7	8	9	10
時(じ)	いち	に	さん	よ	ご	ろく	しち	はち	く	じゅう
年(ねん)	いち	に	さん	よ	ご	ろく	なな (しち)	はち	きゅう (く)	じゅう

- 会社(かいしゃ)は**何時**(なんじ)からですか。
- 学校(がっこう)は**9時**(くじ)ちょうどからです。
- あなたは**何年**(なんねん) 生(う)まれですか。
- 私の 娘(むすめ) は 小学校(しょうがっこう)の**4年**生(よねんせい)です。

5 사람 수

人	1人(ひとり)	2人(ふたり)	3人(さんにん)	4人(よにん)	5人(ごにん)	6人(ろくにん)	7人(しちにん)	8人(はちにん)	9人(きゅうにん)	10人(じゅうにん)
名	1名(いちめい)	2名(にめい)	3名(さんめい)	4名(よんめい)	5名(ごめい)	6名(ろくめい)	7名(ななめい)	8名(はちめい)	9名(きゅうめい)	10名(じゅうめい)

- 日本語科(か)には 男(おとこ) の学生が**何人**(なんにん)いますか。
- 韓国人の先生が **4人**(にん)で、日本人の先生が **2人**(ふたり)です。
- このクラスの学生は**40名**(めい)です。

문형연습

1 다음의 문을 보기와 같이 하나의 문으로 바꾸시오.

> これは写真(しゃしん)です。あれは絵(え)です。
>
> ➡ これは写真で、あれは絵です。

① 王(ワン)さんは中国人です。ジョンさんはアメリカ人です。

➡ ______________________________

② これは韓日辞典(かんにちじてん)です。それは日韓(にっかん)辞典です。

➡ ______________________________

③ シャープペンシルは山田さんのです。消(け)しゴムは田中さんのです。

➡ ______________________________

2 다음 (　) 안에 알맞을 말을 히라가나로 써 넣으시오.

① きんようび―(　　　)―にちようび―(　　　)―かようび

② にじゅう―さんじゅう―(　　　)―ごじゅう―ろくじゅう―(　　　)

③ (　　　)―さんにん―(　　　)―ごにん―ろくにん―(　　　)

④ さんじ―(　　　)―ごじ―ろくじ―(　　　)―(　　　)

⑤ ごねん―ろくねん―(　　　)―はちねん―(　　　)―(　　　)

3 다음의 질문을 주어진 단어로 답하시오.

① クラスに女の学生は何人いますか。(28人(にん))

➡ ______________________________

② あなたは日本人の友だちがたくさんいますか。(8人も)

➡ ____

③ 子供は何人いますか。(1人しか)

➡ ____

작문연습

① 저 사람은 미국인으로, 한국대학의 유학생입니다.

(アメリカ人、留学生)

____

② 그는 수험공부로 아주 바쁩니다.

(受験勉強、忙しい)

____

③ 아르바이트는 몇시부터 몇시까지입니까?

(アルバイト)

____

④ 일본어 회화 시험은 수요일이 아닙니다.

(会話の試験)

____

⑤ 세미나실에는 남학생 4명과 여학생 2명이 있습니다.

(セミナー室)

____

おにぎり

おにぎり는 おむすび라고도 불리며, 원형 또는 삼각형으로 밥을 주물러 만드는 주먹밥이다. 서양의 샌드위치와 비슷한 것으로, 소풍 갈 때 가지고 가거나 여행할 때에 먹는 것으로 인기가 좋다. 중심부에는 매실 장아찌, 소금에 절인 연어, 대구알, 또는 모양 좋은 반찬 등으로 채워 넣는다. おにぎり에는 김을 말거나, 깨소금을 뿌리거나 한다.

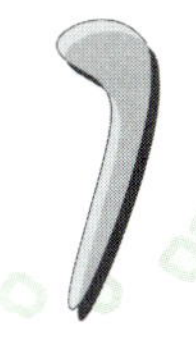

みかんを５つください

CD 1-14

果物屋にはいろいろな果物があります。

りんごや梨やみかんやぶどうや柿など、たくさんあります。

りんごは大きいのは1つ500ウォンで、小さいのは300ウォン です。

梨はりんごより高いです。1つ1000ウォンです。

みかんは1つ250ウォンです。柿は3つで800ウォンです。

すみません。このりんごおいしいですか。

— はい、とてもおいしいです。

みかんはすっぱくありませんか。

— ええ、少しもすっぱくありません。

では、りんごの大きいのを3つと、梨1つとみかんを5つください。

いくらですか。

— 3750ウォンです。

はい。

— 4000ウォンお預かりいたします。250ウォンのおつりです。
毎度ありがとうございます。

果物(くだもの)　梨(なし)　柿(かき)　大(おお)きい　小(ちい)さい　高(たか)い　少(すこ)しも
預(あず)かる　毎度(まいど)

어구풀이

～屋(や)　(～파는)가게, 상점

いろいろな　여러가지

りんご　사과

みかん　귤

ぶどう　포도

たくさん　많이(수나 분량)

～より　～보다

おいしい　맛있다, 맛좋다

すっぱい　시다, 시큼하다

いくら　얼마

お預かりいたします　～(을) 받았습니다

おつり　거스름돈

문형해설

CD 1-15 **1 수여표현**

명사 +	を(을・를)	下(くだ)さい (주세요)
지시대명사(사물) +	も(도)	

- お茶(ちゃ)**をください。**
- ヨーグルト**をください。**
- すみません。アイスクリーム**もください。**

2 수량표현

和語(わご)	一(ひと)つ	二(ふた)つ	三(みっ)つ	四(よっ)つ	五(いつ)つ	六(むっ)つ	七(なな)つ	八(やっ)つ	九(ここの)つ	十(とお)

百(ひゃく)	百(ひゃく)	二百(にひゃく)	三百(さんびゃく)	四百(よんひゃく)	五百(ごひゃく)	六百(ろっぴゃく)	七百(ななひゃく)	八百(はっぴゃく)	九百(きゅうひゃく)	
千(せん)	千(せん)	二千(にせん)	三千(さんぜん)	四千(よんせん)	五千(ごせん)	六千(ろくせん)	七千(ななせん)	八千(はっせん)	九千(きゅうせん)	
万(まん)	一万(いちまん)	二万(にまん)	三万(さんまん)	四万(よんまん)	五万(ごまん)	六万(ろくまん)	七万(ななまん)	八万(はちまん)	九万(きゅうまん)	十万(じゅうまん)
億(おく)	一億(いちおく)	二億(におく)	三億(さんおく)	四億(よんおく)	五億(ごおく)	六億(ろくおく)	七億(ななおく)	八億(はちおく)	九億(きゅうおく)	十億(じゅうおく)

・ 研究室(けんきゅうしつ)には机(つくえ)が3つ、椅子(いす)が9つあります。

・ このりんごはひとついくらですか。

・ あの新型(しんがた)の携帯(けいたい)は3万円です。

3 병렬조사

명사 +	と	모든 것을 제시(~와・과)	りんごとすいかとみかん
	や	예로서 제시(~랑)	りんごやすいかなど
	も	순차적으로 나열(~도)	りんごもすいかもみかんも

・ 英語(えいご)の本と中国語(ちゅうごくご)の本はどこにありますか。

・ デパートにはくつやめがねや時計(とけい)などがあります。

・ スーパーには野菜(やさい)も魚(さかな)も牛乳(ぎゅうにゅう)もあります。

문형연습

1 다음 (　) 안에 들어 갈 숫자를 히라가나로 써 넣으시오.

① ひとつ―(　　　)―みっつ―(　　　)―いつつ

② (　　　)―よんひゃく―(　　　)―(　　　)―ななひゃく

③ ごまん―ろくまん―(　　　)―(　　　)―きゅうまん

2 다음의 주어진 숫자를 보기와 같이 히라가나로 표기해 보시오.

> いくらですか。
>
> 4,450円 ➡ よんせんよんひゃくごじゅうえんです。

① 353円 ➡ ______________________ です。

② 7,630円 ➡ ______________________ です。

③ 3,785ウォン ➡ ______________________ です。

④ 16,780ドル ➡ ______________________ です。

⑤ 47,299ドル ➡ ______________________ です。

3 다음의 주어진 단어로 보기와 같이 바꾸시오.

を／水(みず)／冷(つめ)たい／ください ➡ 冷たい水をください。

① ください／を／あの／ばら／赤(あか)い

➡ ______________________

② この／黒(くろ)い／ください／を／めがね

➡ ______________________

③ ハンカチ／その／黄色(きいろ)い／を／ください

➡ ______________________

④ 青(あお)い／そこの／を／コップ／ください

➡ ______________________

⑤ を／スカート／あそこの／白(しろ)い／ください

➡ ______________________

작문연습

① 이 사과는 답니까?

(りんご、甘い)

② 500원 받았습니다. 매번 감사합니다.

(毎度)

③ 감은 하나에 얼마입니까?

(柿)

④ 과일가게에는 바나나랑 복숭아랑 매실 등이 있습니다.

(バナナ、桃、梅)

⑤ 배 열 개와 수박 한 개를 주십시오.

(梨、すいか)

屋台

屋台(やたい)는 도로 위 또는 도로변에 있는 간이 점포이다. 사람들이 자주 屋台를 赤提灯(あかちょうちん)과 관련 짓는 것은 屋台의 대부분이 라면, 오뎅, 꼬챙이구이 등의 요리를 먹으면서, 밤에 가볍게 술을 할 수 있는 가게이기 때문이다. 또 신사나 사원의 축제 때에도 도로변에 가득 屋台가 늘어서 있는 것을 볼 수 있다. 이 때는 진귀한 토산품이나 화려한 가면부터, 일본의 전통 과자에 이르기까지 여러 가지 물건을 팔고 있다.

会社まで電車で行く

CD 1-16

私は毎朝 7時に起きる。

まず、シャワーを浴びる。それから、朝ご飯を食べる。

8時に家を出る。

会社まで電車で行く。

会社は市役所の前にある。

会社まで50分ぐらいかかる。

8時50分頃 会社に着く。

それから、コーヒーを一杯 飲む。

9時から仕事をする。

午後6時に会社を出る。

7時10分前に家へ帰る。

7時半頃 夕ご飯を食べる。

それから、テレビのニュースを見る。

たいてい、11時頃 寝る。

毎朝(まいあさ)　起きる(お)　朝ご飯(あさ・はん)　食べる(た)　家(うち)　出る(で)　会社(かいしゃ)

電車(でんしゃ)　行く(い)　市役所(しやくしょ)　前(まえ)　頃(ごろ)　着く(つ)　一杯(いっぱい)　飲む(の)

仕事(しごと)　午後(ごご)　帰る(かえ)　半(はん)　夕ご飯(ゆう・はん)　見る(み)　寝る(ね)

어구풀이

~に　~에(시간)
まず　우선, 먼저
~を　~을(를)
シャワーを浴(あ)びる　샤워를 하다
それから　그리고(또)
ある　있다
~ぐらい　~정도
かかる　걸리다
コーヒー　커피
する　하다
テレビ　텔레비전
ニュース　뉴스
たいてい　대개

문형해설

CD 1-17

1 초·분

何(なん)	1	2	3	4	5	6	7	8	9	10
秒(びょう)	いち	に	さん	よん	ご	ろく	なな	はち	きゅう	じゅう
分(ふん)	1分(いっぷん)	2分(にふん)	3分(さんぷん)	4分(よんぷん)	5分(ごふん)	6分(ろっぷん)	7分(ななふん)	8分(はっぷん)	9分(きゅうふん)	10分(じっぷん)

・彼(かれ)は100メートルを**11秒**で走(はし)る。
・私は毎朝(まいあさ) 6時**30分**ごろ起(お)きる。
・家(うち)から学校までバスで**15分**ぐらいかかる。

2 수량〔잔〕

何杯(なんばい)	1杯(いっぱい)	2杯(にはい)	3杯(さんばい)	4杯(よんはい)	5杯(ごはい)	6杯(ろっぱい)	7杯(ななはい)	8杯(はっぱい)	9杯(きゅうはい)	10杯(じゅっぱい)

・彼はうどんを**3杯**も食(た)べる。
・彼女(かのじょ)はコーヒーを1日(いちにち)に**5杯**は飲(の)む。

3 조사『で』

교통수단	**で**(로)	汽車(きしゃ)で、電車(でんしゃ)で、バスで、地下鉄(ちかてつ)で、 船(ふね)で、飛行機(ひこうき)で、バイクで、自転車(じてんしゃ)で

4 동사의 종류

유형 어휘	u 동사	ru 동사	カ변격동사	サ변격동사
형태	어간 + u	어간 + ru	くる	する
예	いく【ik-u】 はなす【hanas-u】	おきる【oki-ru】 ねる【ne-ru】		

- 新聞(しんぶん)を**読(よ)む**。
- パンを**食(た)べる**。
- バスで**来(く)る**。
- 勉強(べんきょう)を**する**。

5 ru형태의 구별방법

종류 어휘	u 동사			ru 동사	
형태	-a+ru	-u+ru	-o+ru	-i+ru	-e+ru
단어	すわる 【suw-a-ru】	ふる 【h-u-ru】	おる 【o-ru】	みる 【m-i-ru】	たべる 【tab-e-ru】

6 예외동사〔u동사〕

走(はし)る	知(し)る	入(はい)る	帰(かえ)る
切(き)る	要(い)る	滑(すべ)る	蹴(け)る

문형연습

1 다음 (　) 안에 들어갈 숫자를 히라가나로 써 넣으시오.

① さんじ―(　　　)―ごじ―(　　　)―(　　　　　)

② (　　　)―にふん―(　　　　　)―よんぷん―(　　　　)

③ ごびょう―(　　　)―(　　　　　)―はちびょう―(　　　　)

④ いっぱい―(　　　)―さんばい―よんはい―(　　　)―ろっぱい

2 「今 何時ですか。」의 질문을 히라가나로 답하시오.

① 07 : 30 ➡ ______________________ です。

② 04 : 37 ➡ ______________________ です。

③ 12 : 24 ➡ ______________________ です。

④ 00 : 00 ➡ ______________________ です。

⑤ 09 : 45 ➡ ______________________ です。

3 다음의 주어진 단어는 어떤 종류의 동사인지를 써 넣으시오.

① できる(　　　　　　)　② あがる(　　　　　　)

③ えらぶ(　　　　　　)　④ 住(す)む (　　　　　　)

⑤ 帰(かえ)る (　　　　　　)　⑥ する (　　　　　　)

작문연습

① 나는 매일 아침 6시30분에 일어난다.

(毎朝(まいあさ)、起(お)きる)

____

② 맥주는 몇잔정도 마셔?

(ビール、飮む)

③ 일요일에는 대개 뭘 하니?

(たいてい、する)

④ 학교에는 버스로 간다.

(バス)

⑤ 집에서 학교까지 50분이나 걸린다.

(～も、かかる)

新幹線

新幹線(しんかんせん)은 일본의 주요도시를 연결하고 있는 JR승객전용 고속열차이다. 東京(とうきょう)에서 올림픽이 개최된 1964년의 첫 운행시에는 東京와 大阪(おおさか)만을 연결하였지만, 그 뒤 九州(きゅうしゅう)의 博多(はかた)까지 연장하였다. 차츰 두개의 新幹線이 완성되어, 한 개는 盛岡(もりおか)까지, 또 한 개는 新潟(にいがた)까지 고속철도망이 연결되었다. 최고속도는 현재시속 270킬로이다. 新幹線의 주행은 모두 ATC(자동열차 제어장치) 로 제어되어 있으며, 첫 운행부터 지금까지 사상사고가 없는 기록을 가지고 있다.

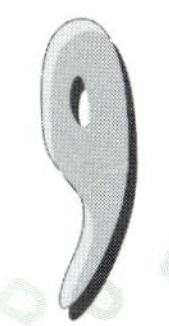

毎日、何時頃に起きますか

CD 1-18

吉田さん、毎日何時頃に起きますか。

— 7時頃に起きます。授業がある日は早く起きますが、

授業のない日は遅いです。

毎日、朝ご飯を食べますか。

— いいえ、私は朝ご飯は食べません。コーヒーだけ飲みます。

金さんは？

— 私は朝はパンとミルクです。

普通 何時に家を出ますか。

— 月曜日から木曜日までは8時に出ますが、金曜日は9時に出ます。

学校まで何で行きますか。

— バスと地下鉄で行きます。

どのくらいかかりますか。

— 1時間半ぐらいかかります。

吉田さんは？

— 私はバスにはのりません、地下鉄で行きます。

吉田(よしだ)　毎日(まいにち)　起(お)きる　授業(じゅぎょう)　日(ひ)　早(はや)く　遅(おそ)い

食(た)べる　飲(の)む　朝(あさ)　普通(ふつう)　何(なん)　地下鉄(ちかてつ)　半(はん)

어구풀이

~が　~지만
ない　없다
コーヒー　커피
だけ　~만
パン　빵
ミルク　밀크, 우유

何で　무엇으로(교통수단)
バス　버스
どのくらい　어느정도
かかる　걸리다
~に乗(の)る　~을(를) 타다

문형해설

CD 1-19

1　동사의 활용

형태 / 종류	기본형	활용형	+ ます	비고
u동사	いく【ik-u】 ある【ar-u】	いき【ik-i】 あり【ar-i】	いきます【iki-masu】 あります【ari-masu】	u단➡i단
ru동사	おきる【oki-ru】 ねる【ne-ru】	おき【oki-ψ】 ね【ne-ψ】	おきます【oki-masu】 ねます【ne-masu】	ru어미탈락
カ변격동사	くる【kuru】	き【ki】	きます【ki-masu】	불규칙활용
サ변격동사	する【suru】	し【si】	します【si-masu】	

2　동사의 정중한 표현 (현재)

표현 / 품사	긍정	부정	의문
동사 +	~ます ~(ㅂ)니다	~ません ~지 않습니다	~ますか ~ませんか

- 日曜日はたいてい何(なに)を**しますか**。
- お昼(ひる)は学校の食堂(しょくどう)で食(た)べ**ます**。

・ 私は映画(えいが)はあまり見(み)**ません**。

・ 雨(あめ)の日(ひ)は散歩(さんぽ)をし**ませんか**。

3 연체 수식구 (주어문절)

명사 +	の(이・가)	용언 +	명사	質問(しつもん)のある人

・ 弟(おとうと)の好(す)きなスポーツはサッカーです。

・ 頭(あたま)の痛(いた)い時にはこの薬(くすり)をどうぞ。

4 시간

何(なん)	1	2	3	4	5	6	7	8	9	10	11	12
時間(じかん)	いち	に	さん	よ	ご	ろく	しち	はち	く	じゅう	じゅう いち	じゅう に

・ 東京(とうきょう)から大阪(おおさか)まで新幹線(しんかんせん)で約(やく) **2時間**ぐらいかかります。

・ 渋滞(じゅうたい)の時は **5時間**もかかります。

문형연습

1 다음의 단어들을 보기와 같이 고치시오.

書(か)く ➡ 書きます ➡ 書きません

① 立(た)つ (　　　➡　　　)

② 話(はな)す (　　　➡　　　)

③ 起(お)きる (　　　➡　　　)

④ 教(おし)える（　　　　➡　　　　）

⑤ 言(い)う（　　　　➡　　　　）

⑥ 終(お)わる（　　　　➡　　　　）

⑦ 乗(の)る（　　　　➡　　　　）

⑧ 遊(あそ)ぶ（　　　　➡　　　　）

⑨ 入(はい)る（　　　　➡　　　　）

⑩ 帰(かえ)る（　　　　➡　　　　）

⑪ 歩(ある)く（　　　　➡　　　　）

⑫ 住(す)む（　　　　➡　　　　）

⑬ 建(た)てる（　　　　➡　　　　）

⑭ 落(お)ちる（　　　　➡　　　　）

⑮ 続(つづ)く（　　　　➡　　　　）

작문연습

① 나는 커피는 마십니다만, 홍차는 마시지 않습니다.

(コーヒー、紅茶(こうちゃ))

② 일찍 잘 때는 9시경 잡니다만, 늦을 때는 12시경에 잡니다.

(早(はや)く、遅(おそ)い)

③ 일본에는 일로(때문에) 자주 갑니다.

(仕事(しごと)、よく)

④ 아침에는 우유만 마십니다.

(牛乳(ぎゅうにゅう))

⑤ 나는 언제나 시청앞에서 지하철로 갈아 탑니다.

(市役所(しやくしょ)、乗(の)りかえる)

寿司

寿司(鮨)(すし)는 각 지방마다 여러 가지 종류가 있지만, 가장 널리 알려진 것은 손으로 쥐어 뭉친 초밥 「握り寿司(にぎりずし)」으로, 원래 동경지방에서 처음 만들어졌다. 握り寿司란, 식초와 설탕으로 맛을 낸 밥을 작은 타원형 덩어리로 주물러 그 위에 생선이나 조개를 얇게 썬 것, 또는 작게 썰은 달걀 부침 등을 얹어서 만든다. 그리고 얇게 썬 것 안쪽에는 보통, 고추냉이(わさび)를 바른다. 먹을 때는 간장에 살짝 찍어 먹는 것만으로도 맛있다. 양념으로서 얇게 썬 생강 절임을 곁들이는 경우도 있다. 이외에도 「押し寿司(おしずし)」、「ちらし寿司(ちらしずし)」、 말이 초밥 「巻き寿司(まきずし)」、 유부초밥 「いなり寿司(いなりずし)」 등이 있다.

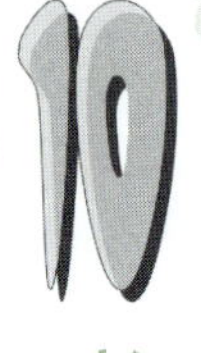

ほんとうにおいしかったです

CD 1-20

きのうは朴さんと一緒にソウル市内を見物しました。

まず、昌徳宮へ行きました。昌徳宮の中には秘苑という美しい庭がありました。ほんとうに立派な庭でした。

それから、デパートへ行きました。

ちょうどバーゲンセール中でした。

それで、中は人でいっぱいでした。

私はお人形を一つ買いました。

値段はそんなに高くありませんでした。

それから、サムルノリのCDと歌謡曲のCDを一枚ずつ買いました。

買い物の後、デパートの地下にある食堂街へ行きました。

そこで、私はビビンパを、朴さんはサンゲタンを食べました。

ほんとうにおいしかったです。

市内（しない）	見物（けんぶつ）	美しい（うつくしい）	庭（にわ）	立派な（りっぱな）	人形（にんぎょう）	買う（かう）
値段（ねだん）	歌謡曲（かようきょく）	一枚（いちまい）	買い物（かいもの）	後（あと）	地下（ちか）	食堂街（しょくどうがい）

어구풀이

一緒(いっしょ)に ~(와)같이
まず 우선, 먼저
へ ~에(장소나 방향)
~という ~(이)라는
ほんとうに 정말로, 진짜로
デパート 백화점
ちょうど 마침
バーゲンセール 바겐세일
それで 그래서, 그러니까
いっぱい 가득
そんなに 그렇게
それから 그리고, 그리고 나서
サムルノリ 사물놀이
~ずつ ~씩
ビビンパ 비빔밥
サンゲタン 삼계탕
おいしい 맛있다

문형해설

CD 1-21

1 명사문의 과거표현 (정중체)

公園(こうえん) (공원)	현재형	과거형
긍 정	公園です ~입니다	公園**でした** ~이었습니다
부 정	公園では(じゃ)ありません ~이(가) 아닙니다	公園では(じゃ)ありません**でした** ~이(가) 아니었습니다

- ここは美術館(びじゅつかん)**です**。 ➡ ここは前は美術館**でした**。
- 銀行(ぎんこう)の隣(となり)は公園(こうえん)**です**。 ➡ 昔(むかし)は銀行の隣は公園**でした**。
- 休(やす)みの日(ひ)**ではありません**。

  ➡ 先週(せんしゅう)の土曜日は休みの日**ではありませんでした**。

2 동사의 과거표현 (정중체)

行(い)く (가다)	현재형	과거형
긍 정	行きます ~(ㅂ)니다	行き**ました** ~(ㅆ)습니다
부 정	行きません ~지 않습니다	行き**ませんでした** ~지 않았습니다

・アメリカの友だちに手紙(てがみ)を書(か)き**ます**。

➡ アメリカの友だちに手紙を書き**ました**。

・加藤(かとう)さんは日本から来(き)**ます**。 ➡ 加藤さんは日本から来**ました**。

・僕(ぼく)も予習(よしゅう)をし**ません**。 ➡ 僕も予習をし**ませんでした**。

3 형용사의 과거표현

さむい (춥다)	현재형	과거형
긍 정	さむいです ~습니다	さむ**かった**です ~웠습니다
부 정	さむくありません ~지 않습니다	さむくありません**でした** ~지 않았습니다

・日本語の試験(しけん)はわりとやさしい。

➡ 日本語の試験はわりとやさしい**です**。

➡ 日本語の試験はわりとやさし**かったです**。

・目(め)はあまりよくない。

➡ 目はあまりよく**ありません**。

➡ 目はあまりよく**ありませんでした**。

4 일

一昨昨日 (그끄저께)	一昨日 (그저께)	昨日 (어제)	**今日 (오늘)**	明日 (내일)	明後日 (모레)	明明後日 (글피)
さきおととい	おととい	きのう	**きょう**	あした	あさって	しあさって

- あさっては成人(せいじん)の日です。
- きのうは子供(こども)の日でした。
- あしたも休(やす)みますか。

문형연습

1 다음의 단어를 보기와 같이 고쳐 보시오.

> 晴(は)れです
> ➡ 晴れでした ➡ 晴れではありません ➡ 晴れではありませんでした

① やさしい子供(こども)です

➡ ➡ ➡

② 飲(の)みます

➡ ➡ ➡

③ 楽(たの)しいです

➡ ➡ ➡

2 다음의 주어진 단어를 보기와 같은 문으로 완성하시오.

> 日本料理(にほんりょうり)／おいしい ➡ 日本料理はどうでしたか。
> おいしかったです。

① 旅行(りょこう)／楽(たの)しい

➡ ______________________

② 演劇(えんげき)／おもしろい

➡ ______________________

③ 北海道(ほっかいどう)の冬(ふゆ)／寒(さむ)い

➡ ______________________

3 다음의 질문에 답하시오.

① このデジカメは高(たか)かったですか。

➡ いいえ、あまり______________________

② 日本料理(りょうり)はおいしかったですか。

➡ いいえ、あまり______________________

③ 日本(にほん)の夏(なつ)は暑(あつ)かったですか。

➡ いいえ、あまり______________________

작문연습

① 10년 전에는 번화한 도시가 아니였습니다.

(にぎやか、都市(とし))

____

② 일본여행은 어디가 가장 좋았습니까?

(旅行(りょこう)、一番(いちばん))

____

③ 어제는 회사를 쉬지 않았습니까?

(会社(かいしゃ))

---

④ 오래간만에 친구와 같이 영화를 보러 갔습니다.

(久(ひさ)しぶりに、映画(えいが))

---

⑤ 그저께는 나의 생일이고, 어제는 여자친구의 생일이었습니다.

(誕生日(たんじょうび)、彼女(かのじょ))

お好み焼き

お好み焼き(おこのみやき)란, 얇고 평평하게 만든 것에 향신료를 첨가한 빵케익 또는 피자와 같은 음식으로, 고기조각, 어패류, 달걀, 야채 등을 넣어서 반죽한 밀가루로 만든다. 이 음식을 옛날에는 오오사카(大阪)지방에서만 즐겼지만, 지금은 대부분의 일본지역에 분포되어 있으며 인기를 독차지하고 있다. 「お好み」란, 각자 좋아하는 재료라는 뜻이다. 이 お好み焼き의 매력은 좋아하는 것을 자신의 테이블에서 자신이 직접 구워 먹을 수 있는 것으로, 향신료를 첨가한 짙은 소스를 찍어서 먹는다.

11 どこで会いましょうか

CD 1-22

佐藤さん、今度の土曜日、時間がありますか。

— ええ、午後は特に予定がありませんが。

じゃ、一緒に映画でも見ませんか。

— いいですよ。どんな映画がいいでしょうか。

「風とともに去りぬ」はどうですか。

— ああ、いいですね。今、上映中ですか。

ええ、リバイバル上映中です。

— じゃ、それを見ましょう。

金さんも誘いましょうか。

— あ、金さんは 今 仕事で釜山にいます。

そうですか。それは残念ですね。

— では、どこで会いましょうか。

パゴダ公園の前はどうですか。

— いいですよ。何時に会いましょうか。

そうですね。午後2時はどうですか。

— はい、2時なら大丈夫です。パゴダ公園の前ですね。

さとう	こんど	じかん	よてい	えいが	かぜ	さ	いま
佐藤	今度	時間	予定	映画	風	去る	今
じょうえいちゅう	しごと	ざんねん	あ	こうえん	まえ	だいじょうぶ	
上映中	仕事	残念	会う	公園	前	大丈夫	

어구풀이

~でも ~(이)라도
いいですよ(ね) 좋지요, 좋아요
どんな 어떤, 어떠한
~ともに ~(과)함께, 같이
~ぬ ~었다, ~해버렸다
どうですか 어떻습니까
リバイバル 리바이벌
じゃ 그러면, 그럼
誘(さそ)う 권유하다, 불러내다
そうですね 글쎄요
なら ~(이)라면

문형해설

CD 1-23

1 동사 + ましょう 〔~지요, ~죠, ~(ㄹ)까요〕

형 태	접속	의 미	예
ます형	+ **ましょう**	자신의 의지	行きましょう
		상대에게 권유	行きましょう(か)
		상대의 의향	行きましょうか

- 今度(こんど)のコンパには私も行(い)き**ましょう**。
- お腹(なか)が空(す)きましたね。なにか食べ**ましょう(か)**。
- 来週の日曜日に演劇(えんげき)でも見(み)**ましょうか**。

2 각 품사 + でしょう 〔~겠지요, ~(이)지요〕

품 사	접속	의 미	예
명사 동사(기본형) 형(기본형) 형동(어간)	+ でしょう	추측 확인 ┐ 동의 ┘를 구할 때	雨でしょう(?) 行くでしょう(?) 美しいでしょう(?) きれいでしょう(?)

1 추측의 의미

- よく分(わ)かりませんが、あの人もたぶんいく**でしょう**。
- あしたも暑(あつ)い**でしょう**。

2 상대방에 대한 확인이나 동의를 구할 때

- あなたも行く**でしょう**。(⤴)
- 奈良(なら)はきれいな町(まち)**でしょう**。(⤴)

문형연습

1 다음의 문장을 보기와 같이 고치시오.

あそこは郵便局(ゆうびんきょく)です。 ➡ あそこは郵便局でしょう。

① あしたは雨(あめ)です。

➡ ______________________________ (⤵)

② あの人は山田さんのお嬢(じょう)さんです。

➡ ______________________________ (⤵)

③ これは金君(くん)のかばんです。

➡ ______________________________ (⤴)

④ ここは静(しず)かです。

➡ ______________________________ (⤴)

⑤ 日本語の漢字(かんじ)は難(むずか)しいです。

➡ ______________________________ (⤴)

2 다음의 문장을 보기와 같이 고치시오.

映画館(えいがかん)の前で会います。 ➡ 映画館の前で会いましょう。 ➡ 映画館の前で会いましょうか。

① 一緒に散歩(さんぽ)します。 ➡ ____________________

➡ ____________________

② そろそろ帰ります。 ➡ ____________________

➡ ____________________

③ 学校から公園(こうえん)まで歩きます。 ➡ ____________________

➡ ____________________

④ この店(みせ)に入(はい)ります。 ➡ ____________________

➡ ____________________

작문연습

① 이 만화 영화는 재미있겠지요?

(アニメの映画(えいが)、面白(おもしろ)い)

____

② 학교에서 집에까지 걸어갑시다.

(歩(ある)いて)

____

③ 커피라도 마실까요?

(コーヒー)

____

④ 저 건물은 미술관이지요?

(建物、美術館)

---

⑤ 그는 두 번 다시 그곳에 안 가겠지요.

(二度と)

将棋

将棋(しょうぎ)는 중국에서 8세기말에 일본으로 전해졌지만, 그 뒤로 중국의 将棋와는 다른 형태로 발전해 왔다. 게임은 81개의 정사각형 모양을 한 바둑판 위에서, 두 사람의 대전자 사이에서 이루어진다. 대전자는 각자 20개의 말을 가지고 시작한다. 말은 세로로 긴 오각형의 나무 조각으로, 그 위에 역할을 나타내는 한자가 쓰여져 있다. 게임은 서양의 체스와 거의 비슷한 방법으로 행하여진다. 주로 다른 점은 잡힌 말이 상대방의 말로서 또 사용된다는 점이다. 将棋의 최종 목적은 상대편의 왕을 외통으로 모는 것으로, 먼저 왕을 모는 편이 이기는 것이다.

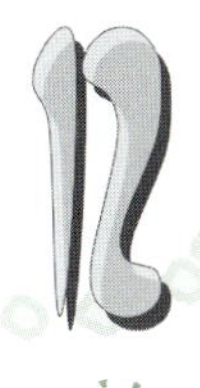

地下鉄に乗って市内へ行きました

CD 1-24

今日は、休みの日です。

今朝はいつもより遅目の8時に起きて、朝ご飯を食べました。それから家を出て地下鉄に乗って市内へ行きました。

市内で友達にばったり会って、一緒にお茶を飲みました。

友達と別れてからデパートへ行って便せんと封筒を買いました。

夜は、久しぶりに日本にいる友達に手紙を書きました。

書き終えてから便せんを封筒に入れて、切手をはりました。

あした学校へ行く途中、郵便局によって出すつもりです。

それから、1時間ぐらい日本語の復習をしました。予習もするつもりでしたが、体がだるくなって、やめました。

あしたは日本人の友達がソウルに来る予定です。

休(やす)みの日(ひ)　今朝(けさ)　遅目(おそめ)　市内(しない)　友達(ともだち)　茶(ちゃ)　便(びん)せん

封筒(ふうとう)　夜(よる)　手紙(てがみ)　途中(とちゅう)　郵便局(ゆうびんきょく)　復習(ふくしゅう)　予習(よしゅう)　体(からだ)

予定(よてい)

어구풀이

いつもより　여느 때보다
～に乗(の)る　～을(를) 타다
ばったり　딱(뜻밖에 마주치는 모양)
別(わか)れる　헤어지다
デパート　백화점
久(ひさ)しぶりに　오래간만에
書(か)く　쓰다
書(か)き終(お)える　다 쓰다
入(い)れる　넣다
切手(きって)をはる　우표를 붙이다
よる　들르다
出(だ)す　부치다
だるい　나른하다
やめる　그만두다

문형해설

CD 1-25

1 동사 + て(で)형 (병렬, 순서, 원인 · 이유)

음편 종류	어미형태	음편	접속	예
u동사	う・つ・る	っ	て	うたう → うたって たつ → たって ある → あって
	む・ぶ・ぬ	ん	で	よむ → よんで とぶ → とんで しぬ → しんで
	く	い	て	かく → かいて * いく → いって
	ぐ	い	で	およぐ → およいで
	す	し	て	はなす → はなして
ru동사	어간		て	みる → みて たべる → たべて

カ변격동사	くる	・	て	くる → きて
サ변격동사	する	・	て	する → して

1 병렬

- 今日は本屋(ほんや)に行(い)って、銀行(ぎんこう)に行って、デパートへも行くつもりです。
- 机の上(うえ)にはコンピューターもあって、プリンターもあります。

2 순서

- 今日は母校(ぼこう)へ行って、高校(こうこう)の先生に会(あ)いました。
- 彼は立(た)ちあがって、本を読みました。

3 원인 · 이유

- 雨が降(ふ)って、急(きゅう)に涼(すず)しくなりました。
- 子供の熱(ねつ)が下(さ)がって、ほっとしました。

2 ～てから (두 개의 동작 · 작용의 전후관계)

형 태	접 속	의 미	예
동사의 음편형	て(で)から	～고 나서 ～하다	帰ってから、読んでから 見てから、食べてから 来てから、してから

- 赤(あか)い花(はな)が咲(さ)いてから、青(あお)い花が咲いた。
- 昼休(ひるやす)みが終(お)わってから電話(でんわ)します。
- 毎日(まいにち) 家へ帰ってから何をしますか。

3 ～つもりだ (의지표현)

형 태	접 속	의 미	예
동사의 기본형	+ つもり	의도 · 계획 예정 · 작정	留学(りゅうがく)するつもりだ そうするつもりはない

① 暑(あつ)い (➡　　　　　　　)　　② 医者(いしゃ) (➡　　　　　　　)

③ きれいだ (➡　　　　　　　)　　④ 元気(げんき)だ (➡　　　　　　　)

⑤ 大きい (➡　　　　　　　)　　⑥ 上手(じょうず)だ (➡　　　　　　　)

⑦ 芸術家(げいじゅつか) (➡　　　　　　　)　　⑧ 難(むずか)しい (➡　　　　　　　)

⑨ 静(しず)かだ (➡　　　　　　　)　　⑩ 金持(かねも)ち (➡　　　　　　　)

작문연습

① 남의 펜을 빌려서 이름을 썼습니다.

(他(ほか)の人(ひと)のペン、名前(なまえ))

---

② 친구 이야기를 듣고 나서 놀랐습니다.

(話(はな)し、びっくりする)

---

③ 오늘부터 다이어트 할 생각입니다.

(ダイエット)

---

④ 목욕하고 나서 맥주를 마십니다.

(お風呂(ふろ)に入(はい)る、ビール)

---

⑤ 눈이 전보다 나빠졌습니다.

(目(め)、前(まえ)より)

こたつ

炬燵(こたつ)는 일본의 전통적인 난방기구이다. 옛날에는 조그만 용기에 숯불을 넣고, 그 위에 나무로 만든 틀을 놓은 다음 이불을 씌웠지만, 지금은 숯불 대신에 전기를 사용한다. 炬燵는 단란한 가정 생활의 중심 역할을 하고 있다. 가족 한 사람 한 사람이 炬燵 안에 발을 넣고, 과자나 과일을 먹으면서 그날의 화제를 이야기 할 수 있는 곳으로, 식사 후에 가족들끼리 오붓한 시간을 가질 수 있다.

うちの大学は女子大なんです

CD 1-26

それ、何の写真ですか。

— 卒業旅行で、済州島へ行った時の写真です。

ああ、そうですか。女の人ばかりですね。

どうして男の学生はいないんですか。

— うちの大学は女子大なんです。

そうなんですか。あ、でも、この写真には男の人もいますよ。

— その方は先生です。

— ところで、宋さんは済州島へ行ったことがありますか。

はい、私は新婚旅行で行きました。

— どこが一番よかったですか。

やっぱり漢拏山です。頂上まで登りました。山田さんは。

— 城山日出峰です。まわりの景色がとてもすばらしかったです。

私が済州島で撮った写真もいつか山田さんに見せますね。

写真（しゃしん）　卒業（そつぎょう）　旅行（りょこう）　時（とき）　女子大（じょしだい）　新婚（しんこん）　一番（いちばん）

頂上（ちょうじょう）　登（のぼ）る　景色（けしき）　撮（と）る　見（み）せる

어구풀이

ばかり　～만
どうして　어째서, 왜
うち　우리
ところで　그런데
よい　좋다, 아름답다
やっぱり(やはり)　역시, 예상과 같이
周(まわ)り　주위, 근처
すばらしい　멋지다, 근사하다, 훌륭하다
いつか　언젠가

문형해설

CD 1-27

1 조동사『た』: ~(ㅆ)다, ~(ㅆ)던

형 태	접 속	의 미	예
동사의 음편형	+ た	과거	昨日は雨(あめ)がひどく降った
		완료	電車(でんしゃ)が駅(えき)についた
	+ たことがある	과거의 경험	日本には二度(にど)行ったことがある
	+ たものだ	과거의 회상	子供のころ、この川(かわ)で泳(およ)いだものだ

・日本へは一度(いちど)も行ったことがありません。

・ここにはいつか来(き)たことがあります。

・スキーをしたことがありますか。

2 ～ん(の)です

용 법	예
원인・이유・설명	これからデートなんです。 今度(こんど)の試験はとても難(むずか)しかったんです。

설명요구	どうして遅刻(ちこく)したんですか。 なぜお金をためるんですか。
확인 · 납득 · 감상	ああ、梅雨(つゆ)なんだ。 やっぱりうわさは本当だったんだ。

3 동사의 부정표현『ない형』

형태 / 종류	기본형	접 속	활용 예	비고
u 동사	いく【ik-u】 よむ【yom-u】	어간+a+ない	いかない【ik-a-nai】 よまない【yom-a-nai】	u단 ➡ a단
ru 동사	おきる【oki-ru】 ねる【ne-ru】	어간 + ない	おきない【oki-nai】 ねない【ne-nai】	ru어미 탈락
カ변격동사	くる【kuru】	·	こない【ko-nai】	불규칙 활용
サ변격동사	する【suru】	·	しない【si-nai】	

문형연습

1 다음을 보기와 같이 바꾸시오.

> 交通事故(こうつうじこ)を起(お)こす ➡ 父(ちち)は交通事故を<u>起こした</u>ことがあります。

① 納豆(なっとう)を食べる ➡ 日本で＿＿＿＿＿ ことがあります。

② 会社(かいしゃ)を休む ➡ 病気で一年間＿＿＿＿＿ ことがあります。

③ お見合(みあ)いをする ➡ 結婚する前に2・3回(かい)＿＿＿＿＿ ことがあります。

④ 田舎(いなか)に住む ➡ 鈴木さんは＿＿＿＿＿ ことがありません。

⑤ 授業(じゅぎょう)に遅(おく)れる ➡ 妹(いもうと)は一度も ________ ことがありません。

2

다음의 문장을 보기와 같이 『~ん(の)です』를 사용한 문장으로 고치시오.

> どうして明日(あした)は休(やす)みなんですか。(海(うみ)の日(ひ))
>
> ➡ 明日は海の日なん(の)です。

① どうしてもどってきたんですか。(忘(わす)れ物(もの)をした)

➡ ______________________________

② どうして田中さんは一人暮(ひとりぐ)らしなんですか。(独身主義者(どくしんしゅぎしゃ))

➡ ______________________________

③ どうして引(ひ)っ越(こ)しするんですか。(家賃(やちん)が高(たか)い)

➡ 今(いま)の部屋(へや)は ______________________________

④ どうしてよく雪岳山へ行くんですか。(とてもきれいだ)

➡ 雪岳山(ソラクサン)の紅葉(もみじ)は ______________________________

3

다음의 단어를 보기와 같이 바꾸시오.

> 書(か)く ➡ 書かない　　見(み)る ➡ 見ない

① 買(か)う (➡ 　　　　)　② 話(はな)す (➡ 　　　　)

③ 休(やす)む (➡ 　　　　)　④ 待(ま)つ (➡ 　　　　)

⑤ 遊(あそ)ぶ (➡ 　　　　)　⑥ 落(お)ちる (➡ 　　　　)

⑦ 出(で)る (➡ 　　　　)　⑧ 帰(かえ)る (➡ 　　　　)

⑨ 知(し)る (➡ 　　　　)　⑩ 来(く)る (➡ 　　　　)

작문연습

① 사용한 물건은 제자리에 갖다 놓읍시다.

(もとのところ、返す)

---

② 일본 음식을 먹어 본 적이 있습니까?

(飲食)

---

③ 작년 여름 방학에는 미국에 갔다 왔다.

(夏休み)

---

④ 왜 회의에 늦은 겁니까?

(会議、遅れる)

---

⑤ 이 문장은 정말 당신이 쓴 것이지요?

(文章、本当に)

富士山

富士山(ふじさん)은 일본에서 제일 높은 산(3776미터)일 뿐만 아니라, 일본인들이 가장 사랑하는 일본의 명산이다. 후지산은 本州(ほんしゅう)중앙의 静岡(しずおか)와 山梨(やまなし)현 경계에 위치하고 있으며, 부채살 모양의 우아하고 아름다운 그 산형은 일본의 상징으로 세계에 알려져 있다. 후지산은 또한, 옛날부터 많은 시가(詩歌)나 그림의 소재로 사용되었다. 宝永4년(ほうえい:1707년) 분화 이래 활동을 정지하고 있지만, 지질학자들은 후지산을 활화산 속에 분류하고 있다. 등산시즌인 7, 8월의 일정기간을 빼고는 항상 눈에 뒤덮여 있으며, 이때는 많은 등산객으로 붐빈다.

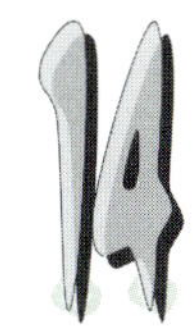

勉強ができません

CD 1-28

金さん、来週から試験でしょう?

―ええ、そろそろはじまります。

1日目は何の試験ですか。

―教育学と日本語の試験です。

ちゃんと勉強しましたか。

―きのうまでは一生懸命勉強しましたけど、
今日は体の具合いが悪くて、勉強ができません。

どうしたんですか。

―すこし風邪ぎみで、熱もあるし、頭も痛いんです。お風呂に入ることもできません。

それは大変ですね。病院には行きましたか。

―ええ、薬も飲みました。今日は早く家へ帰ってゆっくり休むつもりです。

そうした方がいいですよ。ところで朴さんは?

―朴さんは今 図書館にいます。試験の後に出すレポートの準備です。

レポート? 何のレポートですか。

―鈴木さんは関係のないレポートです。心理学のレポートですから。

ああ、びっくりしました。

試験(しけん)　1日目(いちにちめ)　教育学(きょういくがく)　勉強(べんきょう)　一生懸命(いっしょうけんめい)　具合い(ぐあい)　風邪ぎみ(かぜぎみ)　熱(ねつ)

頭(あたま)　大変(たいへん)　病院(びょういん)　薬(くすり)　方(ほう)　図書館(としょかん)　準備(じゅんび)　関係(かんけい)　心理学(しんりがく)

어구풀이

そろそろ 이제 슬슬, 이제 곧
始(はじ)まる 시작되다
ちゃんと 착실하게, 충분히, 확실히
～けど ～지만
悪(わる)い 나쁘다
どうしたんですか 무슨 일 있습니까, 왜 그러세요
すこし 조금, 약간
～し ～(하)기도 하고
痛(いた)い 아프다
お風呂(ふろ)に入(はい)る 목욕하다
ゆっくり 천천히, 푹
休(やす)む 쉬다
いい 좋다, 괜찮다
出(だ)す (보고서)제출하다, 내다
レポート 레포트, 과제
～(です)から ～(이)니까(요)
びっくりする 깜짝 놀라다

문형해설

CD 1-29 **1 형용사 + く + て**

품사	활용형	접속사	의 미	예
형용사의 어간	く	て	나열(～고)	明るくて静かだ 安くておいしい
			원인(～서) 이유(～니까)	まずくて残した 広くていいです

[1] 앞 문장과 뒷 문장을 나열하는 경우

- 私の部屋は明る**くて**静かです。
- あの店は安**くて**おいしいです。

[2] 앞 문장이 뒷 문장의 원인 · 이유를 나타내는 경우

- この料理は辛**くて**汗が出ます。
- この部屋は暗**くて**こわいです。

2 형용동사 + で

품사	접속사	의 미	예
형용동사의 어간	で	나열(~고)	親切(しんせつ)でやさしい 丈夫(じょうぶ)でやすい
		원인(~서) 이유(~니까)	さわやかでいい きれいで買(か)う

1 앞 문장과 뒷 문장을 나열하는 경우

- 花子(はなこ)さんは親切(しんせつ)でやさしい人です。
- このかばんは丈夫(じょうぶ)でやすいです。

2 앞 문장이 뒷 문장의 원인 · 이유를 나타내는 경우

- この辺(へん)は交通が便利で家賃(やちん)が高いです。
- ここは空気(くうき)がさわやかでいいです。

3 (불)가능표현

명사 +	が(을 · 를)	できる (할 수가 있다)	日本語ができる スケートができない
동사의 기본형 +	ことが(수가)	できない (할 수가 없다)	書くことができる 話すことができない

- あなたは日本語**ができますか**。
- 私は英語で日記(にっき)を書く**ことはできません**。
- あの子は自転車(じてんしゃ)に乗(の)る**こともできます**。

4 일

先々週 (지지난주)	先週 (지난주)	今週 (이번주)	来週 (다음주)	再来週 (다다음주)
せんせんしゅう	せんしゅう	こんしゅう	らいしゅう	さらいしゅう

・ **先週**の日曜日 何をしましたか。

・ **今週**はたぶん忙しいでしょう。

・ 期末テストは**再来週**からです。

문형연습

1 다음의 단어들을 사용하여 보기와 같이 고치시오.

> 狭い／不便だ ➡ 私の部屋は狭くて不便です。

① 細い／長い

➡ このひもは ______________________

② きれいだ／親切だ

➡ 朝子ちゃんは ______________________

③ 静かだ／明るい

➡ この部屋 ______________________

④ 小さい／よく見えない

➡ この字は ______________________

⑤ 日本の映画が好きだ／日本語の勉強を始める

➡ 私は ______________________

2 다음의 문장을 보기와 같이 고치시오.

> 一人でご飯を食べる
>
> ➡ うちの子は一人でご飯を食べることができます。

① 難しい漢字を書く ➡ 朴さんは ______________________

② 韓国語で歌を歌う ➡ 山田さんは ______________________

③ 日本料理を作る ➡ 母は ______________________

④ 一人で立つ ➡ うちの子は ______________________

⑤ 辛いラーメンを食べる ➡ 私も ______________________

작문연습

① 이곳은 시끄러워서 싫습니다.

(うるさい、いやだ)

② 다나카 씨는 건강하고 예쁩니다.

(健康だ、きれいだ)

③ 우리집 아이는 혼자서 옷을 갈아 입을 수 있습니다.

(一人で、着替える)

④ 이번주에는 사사키 씨에게도 연락할 수 있습니다.

(佐々木、連絡)

⑤ 다음주부터는 시험 때문에 바빠지겠지요.

(試験、忙しい)

政治

1947년에 공포된 헌법에 의하면, 국회는 국권의 최고 기관으로, 유일한 입법기관이다. 이 국회는 「중의원」과 「참의원」으로 구성된 「이원제」로, 정부의 제1인자인 수상(総理大臣: そうりだいじん)을 국회의원 중에서 선출한다. 이 때 만약 참의원의 반대가 있어도, 중의원의 찬성이 있으면 당선된다. 한편, 수상은 내각을 구성하는 장관(大臣)이나 다른 공직의 임명권을 가지고 있다. 그리고 수상은 임기가 없기 때문에 국회의 불신임을 받게 되면 사임하든지, 중의원을 해산하고, 새롭게 총선거를 해야 한다.

15 エンジニアとして働いています

CD1- 30

私はインド人です。去年の9月からソウルに住んでいます。
国はインドのニューデリーです。
ニューデリーには祖母、父、母、弟、妹の五人の家族がいます。
私は研修生として韓国に来ました。
今、ソウルの郊外の工場でエンジニアとして働いています。
まだ、結婚していません。
でも、来年の春 ニューデリーへ帰って、結婚する予定です。

私のフィアンセは幼稚園の先生です。
私は筆不精で、手紙は二ヶ月に一回ぐらいしか書いていません。
その代わりに、週に一回 必ず 電話をかけています。

私は韓国語が少しできます。時々 家で韓国のテレビドラマを見ています。
最近はMDで韓国の歌謡曲を聞いています。
まだ意味が分からない歌詞がたくさんありますが、別に気にしていません。
少しずつですが、韓国語が上手になっていますから。

住む(す)　国(くに)　祖母(そぼ)　父(ちち)　母(はは)　弟(おとうと)　妹(いもうと)　家族(かぞく)
研修生(けんしゅうせい)　郊外(こうがい)　工場(こうば)　働く(はたら)　結婚(けっこん)　春(はる)　予定(よてい)
幼稚園(ようちえん)　筆不精(ふでぶしょう)　一回(いっかい)　最近(さいきん)　歌謡曲(かようきょく)　意味(いみ)　歌詞(かし)
分かる(わ)

어구풀이

として ～으로서(자격을 나타냄)
エンジニア 엔지니어, 기술자
まだ 아직(도), 지금까지(도)
フィアンセ 피앙세, 약혼자
～ぐらい ～ 정도, 쯤, 만큼
～しか ～밖에(한정을 나타냄)
その代(か)わりに 그 대신에

必(かなら)ず 반드시, 꼭
電話(でんわ)をかける 전화를 걸다
時々(ときどき) 가끔, 때때로
ドラマ 드라마, 연극
たくさん 많이
別(べつ)に 그다지, 별로
気にする 걱정하다, 신경쓰다

문형해설

CD1-31 1 월명

1月	2月	3月	4月	5月	6月
いちがつ	にがつ	さんがつ	しがつ	ごがつ	ろくがつ
7月	8月	9月	10月	11月	12月
しちがつ	はちがつ	くがつ	じゅうがつ	じゅういちがつ	じゅうにがつ

2 개월

一ヶ月	二ヶ月	三ヶ月	四ヶ月	五ヶ月	六ヶ月
いっかげつ	にかげつ	さんかげつ	よんかげつ	ごかげつ	ろっかげつ
七ヶ月	八ヶ月	九ヶ月	十ヶ月	十一ヶ月	十二ヶ月
ななかげつ	はっかげつ (はちかげつ)	きゅうかげつ	じゅっかげつ (じっかげつ)	じゅう いっかげつ	じゅう にかげつ

3 년

一昨年 (재작년)	昨年・去年 (작년)	今年 (올해)	来年 (내년)	再来年 (내후년)
おととし	さくねん・きょねん	ことし	らいねん	さらいねん

4 보조동사『ている』: ~고 있다

형 태	접 속	의 미	예
동사의 음편형	+ている	진행・계속	歌(うた)を歌っている
		결과의 존속	電気(でんき)がついている
		반복	毎日(まいにち)、勉強(べんきょう)をしている
		상태	彼女(かのじょ)は母(はは)に似(に)ている

[1] 동사의 진행, 계속

- 今応接間(いまおうせつま)でお客(きゃく)さんが待(ま)っています。
- あそこで料理(りょうり)を作(つく)っている人はだれですか。

[2] 결과의 상태, 존속

- サンタクロースは赤い帽子(ぼうし)をかぶっている。
- 弟(おとうと)は日本に行っている。

[3] 반복・습관

- 妹(いもうと)は毎日バイオリンの練習(れんしゅう)をしています。
- 兄(あに)は中学校(ちゅうがっこう)で数学(すうがく)を教(おし)えています。

[4] 단순한 상태

- 学校の庭(にわ)には塔(とう)がそびえている。
- 男の子はお父さんによく似(に)ています。

문형연습

1 다음 (　　)안에 들어갈 말을 써 넣으시오.

① さんがつ—(　　　　)—ごがつ—(　　　　)—(　　　　)

② はっかげつ—(　　　　)—(　　　　)—じゅういっかげつ—(　　　　)

③ (　　　　)—きょねん—(　　　　)—らいねん—(　　　　)

2 다음의 문을 보기와 같이 바꾸시오.

雨(あめ)が降る ➡ 雨が降っています。 ➡ 雨が降っていません。

① テレビを見る ➡ ______ ➡ ______

② 新聞(しんぶん)を読む ➡ ______ ➡ ______

③ せんたくをする ➡ ______ ➡ ______

④ 電話(でんわ)をかける ➡ ______ ➡ ______

3 다음의 문을 보기와 같은 문으로 바꾸시오.

コーヒーを飲(の)む ➡ コーヒーを飲んでいます。 ➡ コーヒーを飲んでいる人はだれですか。

① 金君と会う。 ➡ ______

➡ ______

② パンを食(た)べる。 ➡ ______

➡ ______

③ たばこを吸(す)う。 ➡ ______

➡ ______

작문연습

① 기차는 3시에 서울역에 도착 할 예정입니다.

(汽車(きしゃ)、着(つ)く)

② 지금, 피아노를 치고 있는 사람은 여동생(분)입니까?

(ピアノをひく)

③ 다나카 씨는 어떤 넥타이를 매고 있었습니까?

(ネクタイをしめる)

④ 당신은 연예인 중에서 누구를 가장 닮았습니까?

(芸能人(げいのうじん)、似(に)る)

⑤ 나는 매일 아침 아파트 주위를 조깅하고 있습니다.

(アパート、ジョギング)

三味線

三味線(しゃみせん)은 전통적인 세줄 현악기로, 밴조나 만돌린과 비슷한 점이 있고, 16세기에 오키나와(沖縄)로부터 전해졌다. 본체는 목제로 되어 있으며, 반향상자는 옛날에는 뱀의 가죽으로 만들었지만, 지금은 고양이 가죽으로 만든다. 三味線은 보통 상아로 만든 삼각형 모양의 「撥:ばち」로 세 줄을 튕겨서 연주한다. 三味線은 도쿠가와(徳川)시대 중엽에 크게 인기가 있었는데, 아마도 그 따뜻한 음색이 당시 사람들의 마음에 딱 맞았던 것 같다.

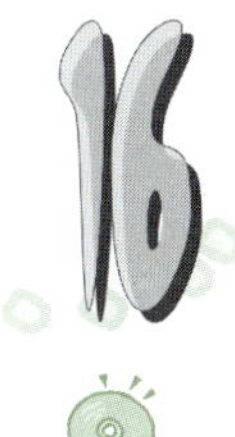

予約するのが大変だったんです

CD 2-01

山田さん、こんにちは。

— ああ、金さん。久しぶりですね。

どこかへ旅行にでも行っていたんですか。

— ええ、実はハワイへ行ってきたんです。

うわあ、いいですね。何日間ですか。

— ええと、3日から7日まででですから、4泊5日です。

ひとりで行ったんですか。

— いいえ、会社の人 2人と一緒に行きました。

韓国からハワイまで何時間ぐらいかかりますか。

— 飛行機で7時間40分ぐらいです。

旅行は楽しかったですか。

— ええ、毎日とてもいい天気で、景色もきれいでした。

ホテルはあらかじめ予約したんですか。

— はい、でも旅行のシーズンで予約するのが大変だったんです。

旅行(りょこう)　実(じつ)　何日間(なんにちかん)　四泊五日(よんぱくいつか)　一緒(いっしょ)　飛行機(ひこうき)　毎日(まいにち)
天気(てんき)　景色(けしき)　予約(よやく)　大変(たいへん)

ホテルはどうでしたか。

— 初日は、あまりいいホテルではありませんでしたが、
　二日目からはよかったです。

ハワイの交通の便はよかったですか。

— ええ、別に不便ではありませんでした。

ハワイの中でどこが一番よかったですか。

— 島全体がきれいでしたが、
　中でも特にマウナ・ケア山はすばらしかったです。

ああ、うらやましいです。

初日（しょにち）　二日目（ふつかめ）　交通（こうつう）　便（べん）　別（べつ）に　不便（ふべん）　一番（いちばん）　島（しま）
全体（ぜんたい）　中（なか）　特（とく）に

어구풀이

こんにちは 안녕하세요(낮인사)
久(ひさ)しぶり 오랫만임
ハワイ 하와이
ええと 저어
ひとりで 혼자서
楽(たの)しい 즐겁다
ええ 예
きれいだ 아름답다, 깨끗하다
あらかじめ 미리
シーズン 시즌, 시기, 계절
あまり 별로, 그다지
よい 좋다, 괜찮다
すばらしい 멋지다, 근사하다
うらやましい 부럽다

문형해설

CD 2-02

1 형용사의 과거표현

표현 \ 시제		현재형	과거형
긍정	보통체	美(うつく)しい	美しかった
	정중체	美しいです	美しかったです
부정	보통체	美しくない	美しくなかった
	정중체	美しくありません 美しくないです	美しくありませんでした 美しくなかったです

2 명사의 과거표현

표현 \ 시제		현재형	과거형
긍정	보통체	図書館(としょかん)だ	図書館だっだ
	정중체	図書館です	図書館でした
부정	보통체	図書館ではない	図書館ではなかった
	정중체	図書館ではありません	図書館ではありませんでした

3 형용동사의 과거표현

표현 \ 시제		현재형	과거형
긍정	보통체	きれいだ	きれいだった
	정중체	きれいです	きれいでした
부정	보통체	きれいではない	きれいではなかった
	정중체	きれいではありません	きれいではありませんでした

4 동사의 과거표현

표현 \ 시제		현재형	과거형
긍정	보통체	行(い)く	行った
	정중체	行きます	行きました
부정	보통체	行かない	行かなかった
	정중체	行きません	行きませんでした

5 날짜

1日	2日	3日	4日	5日	6日	7日
ついたち	ふつか	みっか	よっか	いつか	むいか	なのか
8日	9日	10日	11日	12日	13日	14日
ようか	ここのか	とおか	じゅう いちにち	じゅう ににち	じゅう さんにち	じゅう **よっか**
15日	16日	17日	18日	19日	20日	21日
じゅう ごにち	じゅう ろくにち	じゅう しちにち	じゅう はちにち	じゅう くにち	**はつか**	にじゅう いちにち

22日	23日	24日	25日	26日	27日	28日
にじゅう ににち	にじゅう さんにち	にじゅう **よっか**	にじゅう ごにち	にじゅう ろくにち	にじゅう しちにち	にじゅう はちにち
29日	30日	31日				
にじゅう くにち	さんじゅう にち	さんじゅう いちにち				

문형연습

1 다음의 문을 보기와 같이 과거형으로 고치시오.

> このごろは忙(いそが)しい。
> ➡ 昨日(きのう)までは忙しかった。

① 花子(はなこ)さんのアパートは古(ふる)い。

➡ 花子さんの前のアパートは＿＿＿＿＿＿＿＿

② このサイダーは冷(つめ)たい。

➡ このサイダーは30分前までは＿＿＿＿＿＿＿＿

③ 旅行(りょこう)はいい。

➡ 先週(せんしゅう)の旅行は＿＿＿＿＿＿＿＿

④ 山の頂上(ちょうじょう)まで行(い)く。

➡ おとといは山の頂上まで＿＿＿＿＿＿＿＿

⑤ 変(へん)な男(おとこ)があそこに座(すわ)っている。

➡ さっきまで変な男があそこにずっと＿＿＿＿＿＿＿＿

2 다음의 문을 보기와 같이 과거형으로 바꾸시오.

家(いえ)は駅(えき)から遠(とお)くて不便(ふべん)だ。 ➡ 前(まえ)の家は駅から遠くて不便だった。

① 人参(にんじん)が嫌(きら)いだ。

➡ 子供の頃は人参が ______________________

② 私は野球(やきゅう)が好(す)きだ。

➡ 以前、______________________

③ 日光(にっこう)の紅葉(もみじ)はきれいだ。

➡ ______________________

④ ここは空(あ)き地(ち)だ。

➡ 三年前(さんねんまえ)はここは ______________________

⑤ 山田さんは教師(きょうし)だ。

➡ 去年までは山田さんは ______________________

3 다음 (　) 안에 적당한 것을 히라가나로 써 넣으시오.

① みっか—(　　　)—いつか—(　　　)—なのか

② じゅうごにち—(　　　)—じゅうしちにち—(　　　)

③ じゅうはちにち—(　　　)—(　　　)—にじゅういちにち

작문연습

① 야마다 씨는 학생 시절 야구선수였다.

(野球選手(やきゅうせんしゅ))

② 어제 데이트는 아주 즐거웠다.

(デート、楽(たの)しい)

③ 내가 어렸을 때부터 좋아했던 것은 눈입니다.

(幼(おさな)い時(とき)、雪(ゆき))

④ 지난 달은 바빠서 영화도 보러가지 못했다.

(先月(せんげつ)、映画(えいが))

⑤ 7일부터 2박 3일로 과장과 함께 일본에 출장을 간다.

(課長(かちょう)、出張(しゅっちょう))

こけし

こけし는 원통형의 몸통에 공처럼 둥근 머리를 하고, 손발이 없는 소박한 목제 인형이다. 대부분이 여자인형으로, 머리부분에는 눈썹, 코, 입, 그리고 머리카락이 그려져 있고, 몸통에는 빨간색을 주로 한 꽃 모양 장식으로 되어 있다. こけし는 에도(江戸) 말기에, 대략 동북지방에서 처음 만들어졌지만, 지금은 일본 각지에서 만들고 있다. こけし는 관광객용 선물가게에서 팔고 있으며, 여행을 즐기는 사람의 집에는 こけし가 장식품으로 장식되어 있는 경우가 많다.

地図を見ながら説明しましょう

CD 2-03

あのう、すみません。徳寿宮へはどうやって行きますか。

— 徳寿宮ですか。徳寿宮は市庁の前にありますが…、

あ、ソウル市内の地図を持っていますね。

地図を見ながら説明しましょう。

今、ここは東大門ですから、

まず、地下鉄の一号線に乗ってください。

そして、4つ目の市庁という駅で降りてください。それから、1番の出口から外へ出てください。出口の右の方に徳寿宮があります。

どうもご親切にありがとうございました。

— ところで、韓国は初めてですか。

はい、そうです。

— 仁寺洞も日本人観光客がよく行く所ですよ。

そうですか。徳寿宮から近いですか。

— ええ、鐘路3街ですから、市庁から2番目の駅です。

まず、鐘路3街で降りて、仁寺洞を見物して、その後徳寿宮を見物するのもいいです。仁寺洞には骨董品の店や有名な韓定食のレストランなどがけっこうたくさんありますよ。

한자단어 kotoba

市庁（しちょう）	地図（ちず）	説明（せつめい）	1号線（いちごうせん）	番（ばん）	出口（でぐち）	外（そと）	方（ほう）	親切（しんせつ）
観光客（かんこうきゃく）	所（ところ）	2番目（にばんめ）	見物（けんぶつ）	骨董品（こっとうひん）	店（みせ）	有名（ゆうめい）	韓定食（かんていしょく）	

어구풀이

すみません　미안합니다, 실례합니다
どうやって　어떻게, 어떤 방법으로
持(も)つ　가지다, 소유하다
まず　우선, 먼저
降(お)りる　내리다
出(で)る　나가다

初(はじ)めて　처음, 첫 번째
よく　자주, 흔히
近(ちか)い　가깝다
レストラン　레스토랑
～など　～등
けっこう　꽤, 제법

문형해설

CD 2-04

1 조사『～ながら』

동사의 ます형 +	ながら (～면서)	歌(うた)を歌いながら歩(ある)く テレビを見ながら食べる	후문의 동사가 주동작임

- 新聞を読み**ながら**ご飯(はん)を食べる。
- テレビを見**ながら** 食事(しょくじ)をします。
- コーヒーを飲(の)み**ながら**話(はな)し合(あ)いました。

2 의뢰표현『～てください』

동사의 음편형	+	て・で (～해)	ください (주세요)	読(よ)んでください。行(い)ってください。 見(み)てください。食(た)べてください。 してください。来(き)てください。

- こちらの地図(ちず)を見**てください**。
- 次(つぎ)の駅(えき)で降(お)り**てください**。
- すみません。もう一度(いちど) 説明(せつめい)し**てください**。

문형연습

1 다음의 단어를 보기와 같이 한 문장으로 연결하시오.

> 弟(おとうと)はいつもラジオを聞(き)く／宿題(しゅくだい)をする
>
> ➡ 弟はいつもラジオを聞きながら宿題をします。

① あの歌手(かしゅ)はいつもピアノをひく／歌(うた)を歌う

➡ ______________________________

② 妹(いもうと)は いつもお菓子(かし)を食(た)べる／遊(あそ)ぶ

➡ ______________________________

③ 兄(あに)は今、音楽(おんがく)を聞いている／漫画(まんが)を読んでいる

➡ ______________________________

④ 彼(かれ)は今、地図(ちず)を見ている／海(うみ)を探(さが)している

➡ ______________________________

⑤ 男の子は今、口笛(くちぶえ)を吹(ふ)いている／散歩(さんぽ)をしている

➡ ______________________________

2 다음의 문장을 보기와 같이 바꾸시오.

> 家(いえ)まで送(おく)る ➡ 家まで送ってください。

① わたしに紹介(しょうかい)する ➡ ______________________________

② この本(ほん)を読(よ)む ➡ ______________________________

③ これも食(た)べる ➡ ______________________________

④ あした来(く)る ➡ ______________________________

작문연습

① 아이는 울면서 이야기 했습니다.

(子供(こども)、泣(な)く)

② 어제는 음악을 들으면서 한가롭게 지냈습니다.

(のんびりする)

③ 미안합니다만, 다시 한 번 말해 주세요.

(もう一度(いちど))

④ 신사까지 가는 방법을 가르쳐 주세요.

(神社(じんじゃ)までの行(い)き方(かた))

⑤ 잠깐만 기다려 주십시오.

(ちょっと、待(ま)つ)

下駄

下駄(げた)는 목제 신발로, 밑에 「歯:は」라고 불리는 두 개의 돌출 부분이 있어, 지면보다 높게 있다. 또, 발의 엄지와 두 번째 발가락 사이에 끼우는 「鼻緒:はなお」라고 하는 V자형의 끈이 위에 붙어 있다. 남자용 下駄는 보통 목재와(그 중에서도 오동나무가 최고로 좋다), 검은 鼻緒를 사용한다. 한편, 여성용 下駄도 보통은 나무로 만들고, 때로는 그 위에 옻칠을 하는 경우도 있으며, 鼻緒도 아름다운 색의 비단이나 우단을 사용한다. 맨발로 신으면 일본처럼 덥고 습기가 많은 여름에는 쾌적한 신발이 된다.

きれいに掃除してあります

CD 2-05

日本語の先生の研究室は、語学センターの5階にあります。
南向きで、日当たりがいいです。
部屋の右の方に、机があります。
机の上の壁には美しい絵がかかっています。
部屋の左の方には、本棚が5つ並んでいます。
本棚には、日本の文化や日本の歴史に関するいろいろな本があります。
本には、1冊ずつ先生のお名前が書いてあります。

また、窓ぎわには植木鉢があってきれいな花が咲いています。
先生の研究室はいつもきれいに掃除してあります。
それから、研究室のドアはいつも開けてあります。
その方が、学生が気軽に入ることができるからです。

語学(ごがく)　南向き(みなみむ)き　部屋(へや)　机(つくえ)　上(うえ)　壁(かべ)　絵(え)　本棚(ほんだな)
文化(ぶんか)　歴史(れきし)　関(かん)する　1冊(いっさつ)　名前(なまえ)　窓(まど)ぎわ　植木鉢(うえきばち)
掃除(そうじ)　気軽(きがる)

私たちは時々先生の研究室へ行って、いろいろなことについて相談したり、質問したりします。

先生は私たちに、大学生活や将来の夢について聞いたり、先生の学生時代のことを話してくれたりします。

みんな卒業した後のいい思い出になるでしょう。

時々（ときどき）　相談（そうだん）　質問（しつもん）　生活（せいかつ）　将来（しょうらい）　夢（ゆめ）　時代（じだい）　卒業（そつぎょう）
後（あと）　思い出（おもいで）

어구풀이

センター 센터
日当(ひあ)たりがいい 양지가 바르다
かかる 걸리다
並(なら)ぶ 나란히 늘어서다, 한줄로 서다
~ずつ ~씩
また 또
いつも 언제나
いろいろな 여러가지
きれいだ 예쁘다, 곱다
咲(さ)く 피다
開(あ)ける 열다
入(はい)る 들어가(오)다
こと 일, 것
~について ~에 대해서
話(はな)す 이야기하다
~てくれる ~(해)주다

문형해설

CD 2-06 **1 자동사와 타동사**

자동사·타동사의 어형이 다른 것	自〔-aru〕／他〔-eru〕	閉まる／閉める・決まる／決める 集まる／集める
	自〔-ru〕／他〔-su〕	起きる／起こす・落ちる／落とす 降りる／降ろす
	自〔-eru〕／他〔-u〕	消える／消す・燃える／燃やす 出る／出す
	自〔-u〕／他〔-eru〕	進む／進める・立つ／立てる 育つ／育てる
	自〔-u〕／他〔-asu〕	飛ぶ／飛ばす・走る／走らす

자동사 뿐인 것	行く、来る、居る、死ぬ、眠る、遊ぶ、咲く、曇る
타동사 뿐인 것	読む、置く、打つ、追う、着る、食べる、書く、飲む
자동사 · 타동사의 어형이 같은 것	笑う、増す、働く、張る

2 자 · 타동사 + 보조동사『～ている、～てある』

형 태	의미용법	예
自+ている	진행 (～고)있다	鳥が飛んでいます
	결과의 상태 (～해)있다	車が止まっています
他+ている	진행 (～고)있다	字を書いています
他+てある	결과의 상태 (～해)있다	字が書いてあります
참 고	상태동사 〔ある · 居る · 要る · できる (가능)〕에는 「ている」「てある」를 붙일 수 없다.	

1 진행을 나타내는 경우

- 今、ソウルには雨が降っていませんか。
- 奥さんは部屋で電話をかけています。
- 運動場を走っている人はだれですか。

2 상태를 나타내는 경우

- ポケットの中に何が入っていますか。
- 壁には何もかかっていません。
- 使い方は説明書に書いてあります。
- 机の上には何も置いてありません。

3 결과의 상태『～ている、～てある』

표현형식	의미용법	예
自+ている	(저절로 된) 단순한 상태	窓が開いている 鍵がかかっている
他+てある	(무언가의 작용에 의한) 인위적인 상태	窓が開けてある 鍵がかけてある

4 ～たり(だり) ～たり(だり)する

품 사	의 미	예
동사 형용사 형용동사	동작 또는 상태의 열거 · 예시 및 반복〔～하기도(하거나) ～하기도(하거나)하다	行ったり来たり(する) 寒かったり暖かかったり(する) 上手だったり下手だったり(する)

- 日曜日は音楽を聞い**たり**小説を読ん**だりします**。
- ひまな時は映画をみ**たりします**。
- このごろは暑かっ**たり**涼かっ**たりします**ね。
- 人によって歌が上手だっ**たり**下手だっ**たりします**。

문형연습

1 다음의 동사를 이용하여 보기와 같이 문장을 완성하시오.

書く ➡ 本には私の名前が書いてあります。

① 置く ➡ テーブルの上にはメモ用紙が____________________

② 買(か)う ➡ 音楽会(おんがくかい)の切符(きっぷ)は ______

③ 頼(たの)む ➡ 連絡(れんらく)は友だちに ______

④ 予約(よやく)する ➡ ホテルの部屋はもう ______

⑤ 話(はな)す ➡ 山田さんのことは先輩(せんぱい)に ______

2 다음의 자 · 타동사를 이용하여 보기와 같이 바꾸시오.

並(なら)ぶ 並べる	デパートにはいつも品物(しなもの)がきれいに	並んでいます。 並べてあります。

① 消(き)える / 消(け)す　部屋の電気が ______ / ______

② 入(はい)る / 入(い)れる　箱の中にはみかんが ______ / ______

③ 閉(し)まる / 閉(し)める　窓が ______ / ______

④ 止(と)まる / 止(と)める　駐車場(ちゅうしゃじょう)に車が ______ / ______

⑤ 決(き)まる / 決(き)める　旅行の日程(にってい)は全部 ______ / ______

3 다음의 문장을 보기와 같이 바꾸시오.

行(い)く／来(く)る
➡ 金先生は日本(にほん)と韓国(かんこく)を行ったり来たりします。

① コーヒーを飲(の)む／音楽を聞(き)く
➡ 食事の後(あと)は ______

② 売る／買う

➡ 株を ____________________

③ よい／悪い

➡ このごろは天気が ____________________

④ 好きだ／嫌いだ

➡ 学生によってスポーツが ____________________

⑤ サラリーマン／大学生

➡ 会員は ____________________

작문연습

① 기쁠 때는 노래를 부르거나 춤을 추거나 합니다.

(嬉しい、歌を歌う、踊る)

____

② 휴일에는 방을 청소하거나 세차를 하거나 하며 보냅니다.

(掃除、洗車)

____

③ 사전은 캐비닛 위에 놓여져 있습니다.

(辞典、キャビネット)

____

④ 여기에는 비밀번호가 쓰여져 있습니다.

(暗証番号)

____

⑤ 주머니 속에는 무엇이 들어 있습니까?

(ポケット)

____

宗教

신도, 불교, 크리스트교 3개가 일본에 공인된 종교로, 대부분의 일본인은 신도와 불교에 속해 있다. 결혼이나 아기의 탄생과 같은 축하 때에는 신사에 참배하고, 죽음과 관계가 깊은 장례식이나 제를 올릴 경우에는 사원으로 간다. 크리스트교는 17세기에 금지되고, 19세기말에 금지령이 풀어졌다. 그래서 크리스트교 신자나, 다른 종교 그룹에 속한 사람들은 소수이다. 또 수 십년간에 걸쳐서 수 백만인의 신자를 가진 신흥종교가 일본에 많이 생겼다.

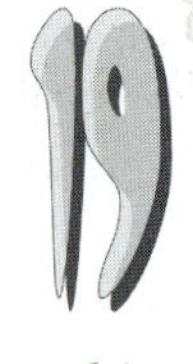

会話ができるようになりました

CD 2-07

私は6人家族です。

両親と兄と姉とそれから妹がいます。

父は貿易会社の重役で母は主婦です。

姉は大学を卒業して商社に勤めています。

来年の5月に 結婚する予定です。

妹は高校三年生なので、受験勉強で大変です。

一日 5・6時間しか寝ないで 一生懸命 勉強しています。

母は妹の健康を心配しています。

私は、韓国大学の日本語科の2年生です。

今はまだ2年生ですから、日本語の基礎を固めるために文法や読解や会話などを勉強しています。

最近は簡単な会話ができるようになりました。

来年からは専門科目が始まります。

私は日本の文化と歴史に興味があります。

両親（りょうしん）　兄（あに）　姉（あね）　妹（いもうと）　父（ちち）　貿易会社（ぼうえきがいしゃ）　重役（じゅうやく）　母（はは）
主婦（しゅふ）　商社（しょうしゃ）　高校（こうこう）　受験（じゅけん）　健康（けんこう）　心配（しんぱい）　基礎（きそ）　文法（ぶんぽう）
読解（どっかい）　会話（かいわ）

兄は今外国に留学中です。

兄がいなくて、家の中が少しさびしいです。兄は家族が心配しないように週一回かかさずに手紙を書きます。

私は、兄が帰国して、家族がそろってにぎやかに暮せるようになる日を待っています。

そして、来年 妹が希望の大学に合格するように祈っています。

最近(さいきん)　簡単(かんたん)　専門(せんもん)　科目(かもく)　文化(ぶんか)　歴史(れきし)　興味(きょうみ)　週一回(しゅういっかい)

手紙(てがみ)　帰国(きこく)　希望(きぼう)　合格(ごうかく)

어구풀이

勤(つと)める　근무하다, 종사하다

一日(いちにち)　하루(에), 하루종일

～しか　～ 밖에

寝(ね)る　자다

固(かた)める　다지다, 튼튼히 하다

～ために　～(하기)위하여

始(はじ)まる　시작되다

少(すこ)し 조금

さびしい　쓸쓸하다, 허전하다

かかさず　거르지 않고

そろう　모이다

にぎやかに　활기차게, 명랑하게

暮(くら)せる　지낼 수 있다

祈(いの)る　기원하다, 바라다

문형해설

CD 2-08 **1 각 품사 + ないで · なくて**

동사의 부정형	＋ないで 〔ず(に)〕	문장의 연결 대신	～지 말고 (않고)	行(い)かないで〔ず(に)〕 食(た)べないで〔ず(に)〕 勉強(べんきょう)しないで〔**せず(に)**〕
명사 동사 형용사 형용동사	＋なくて	문장의 연결 원인 · 이유	～가 아니고 (아니라) ～하지 않고 (않아서)	日本人(にほんじん)ではなくて 行かなくて 安(やす)くなくて 勤勉(きんべん)ではなくて

① 동사의 부정형 + ないで

・田中(たなか)さんは、ビビンパを混(ま)ぜ**ないで**食べています。

・そんなことは言(い)わ**ないで**どうぞごゆっくり。〔대신〕

・もう泣(な)か**ないで**わけを話してください。〔대신〕

2 동사의 부정형 + ず(に)

・前もって連絡せず(に)、人の家を訪問するのは失礼です。

・姉は一日中 何も食べず(に)、水だけ飲んでいます。〔대신〕

・そんなこと言わず(に)、一曲 歌ってください。〔대신〕

3 동사의 부정형 + なくて

・金さんから連絡がこなくて、心配です。

・説明が書いてなくて、難しいです。

・やり方が分からなくて、金さんに聞いてみました。

2 각 품사 + ので・から(원인・이유)

<table>
<tr><td>명사 + な
동사 + 기본형
형 + 기본형
형동의 어간 + な</td><td>ので</td><td rowspan="2">~때문에
~서
~니까</td><td>객관적
전문과 후문의 인과 관계가 객관적으로 인정된다</td><td>先生なので
行くので
うるさいので
元気なので</td></tr>
<tr><td>명사 + だ
동사 + 기본형
형 + 기본형
형동 + 기본형</td><td>から</td><td>주관적
화자의 의지, 생각등의 이유를 나타낸다 (허락을 구함, 변명, 거절, 의뢰를 부드럽게 표현할 때는 「ので」를 쓴다)</td><td>先生だから
行くから
うるさいから
元気だから</td></tr>
</table>

1 ので

・途中で事故があったので、会議に遅れました。

・あの店はおいしいので、いつもお客さんで混んでいます。

・ちょっと寒いので、窓を閉めてください。

2 から

・太郎はまだ子供だ**から**話しても分からない。

・あの店は不潔だ**から**あそこでは買いません。

・ちょっと寒い**から**窓、閉めて。

3 ～ように『なる・する』

동사의 ます형 + (동사의 기본형)	ように	～도록(기원)	話しますように 話すように
동사의 기본형 +	ようになる	～(게)되다	話すようになる
	ようにする	～(하)게 하다	話すようにする

・電車に乗り遅れない**ように**早く家を出た。〔목적〕

・早くこの 病 気がなおります**ように**。〔기원〕

・日本の映画を見て分かる**ように**なりました。〔상태의 변화〕

・時々、家に電話する**ように**しています。〔습관・다짐〕

문형연습

1 다음의 동사를 가지고 보기와 같이 고치시오.

聞く ➡ あの人は言うのも聞かないで、出ていきました。

① 怒る ➡ そんなに__________、私の話を聞いてください。

② 行く ➡ どうか__________、一緒にいてください。

③ 買う ➡ 何も__________、そのままうちへ帰りました。

④ 乗る ➡ 今日は電車に__________ 、歩いて行きました。

⑤ 見る ➡ 答えは__________ 、練習問題を解いてください。

2 다음의 문장을 ~ず(に)의 형태로 바꾸시오.

① ぐずぐず言わないで、はっきりいいなさい。

➡ ______________________________

② 本を見ないで、本文を暗記してみなさい。

➡ ______________________________

③ 今日は朝寝坊してご飯も食べないで、出勤した。

➡ ______________________________

④ 山田さんはだれにも相談しないで、会社をやめました。

➡ ______________________________

⑤ 思ったより高かったので、買わないで、そのまま帰ってきました。

➡ ______________________________

3 다음의 동사를 보기와 같이 고쳐 보시오.

下がる ➡ 熱が下がらなくて、大変です。

① 治る ➡ かぜが________ 、病院に行きました。

② 降る ➡ 三ヶ月も雨が________、困っています。

③ お会いできる ➡________ 、残念です。

④ 見つかる ➡ データが________ 、山田さんを呼びました。

⑤ 減る ➡ 体重が________、運動を始めました。

작문연습

① 커피는 마시지 말고, 우유를 마시세요.

(コーヒー、牛乳(ぎゅうにゅう))

② 어머니는 아무 말도 하지 않고 내 방에서 나갔다.

(母(はは)、部屋(へや))

③ 비밀번호를 몰라서 돈을 인출하지 못했습니다.

(暗証番号(あんしょうばんごう)、お金をおろす)

④ 비가 많이 왔기 때문에 강물이 불었습니다.

(川(かわ)の水(みず)、増(ふ)える)

⑤ 당신의 병이 빨리 낫도록 기원하겠습니다.

(治(なお)る、祈(いの)る)

暑中見舞い

暑中見舞い(しょちゅうみまい) - 일본에서는 옛날부터 한 여름에 친구나 친척의 건강을 걱정하며 방문하는 습관이 있었다. 그러나 오늘날, 이 오랜 습관은 서로 건강을 확인하기 위하여 편지를 교환하는 습관으로 바뀌었다. 7월말부터 8월초에 걸쳐서, 사람들은 아는 사람에게 엽서를 보내 한여름의 무더위 속에 상대편이 건강하게 잘 지내는지를 확인하고, 아울러 건강에 조심하기를 바라는 희망을 전하는 것이다. 자주 사용하는 문구로는 「더위 문안인사 드립니다 (暑中お見舞い申し上げます)」 가 있다.

20 カーフェリーに乗ることにしました

CD 2-09

来週の木曜日から三泊四日の日程で、大学の友達三人と一緒に済州島へ行く予定です。済州島は大学の時、修学旅行で行ったきりなので楽しみにしています。済州島へ行くにはいろいろな方法がありますが、私たちは行きはソウル駅で汽車に乗って木浦まで行って、木浦でカーフェリーに乗ることにしました。帰りは飛行機に乗ることになっています。切符はもう予約してあります。

10年前に修学旅行で行った時は、とても楽しかったです。木浦まで の汽車の中で、ゲームをしながら笑ったり騒いだりしたことや、お弁当ののりまきがおいしかったこと、カーフェリーの中で船よいしたことなどは今でもはっきり覚えています。

済州島での最初の夜、人生や愛や友情についてみんなで夜遅くまで話しました。二日目は天池淵、竜頭岩などいろいろな所を観光しました。三日目は漢拏山の頂上まで登りました。初めは歌を歌いながら気楽に出発しましたが、だんだん息苦しくなり最後はみんなへとへとになりました。

三泊四日（さんぱくよっか）　日程（にってい）　修学旅行（しゅうがくりょこう）　方法（ほうほう）　行（い）き　帰（かえ）り

飛行機（ひこうき）　切符（きっぷ）　弁当（べんとう）　最初（さいしょ）　夜（よる）　人生（じんせい）　愛（あい）　友情（ゆうじょう）

でも、山の頂上に立った時の気持は何とも言えないものでした。
四日目の朝、飛行機に乗って無事にソウルに帰りました。
今度の済州島旅行は10年前と同じコースにしました。

済州島も昔とは違うだろうし、私たちもずいぶん変わりましたが、私たちの友情は10年前のままです。
一緒に旅行するのを考えただけでも胸がいっぱいになります。

遅(おそ)く　話(はな)し　二日目(ふつかめ)　観光(かんこう)　三日目(みっかめ)　頂上(ちょうじょう)　歌(うた)
出発(しゅっぱつ)　最後(さいご)　山(やま)　気持(きもち)　四日目(よっかめ)　無事(ぶじ)　胸(むね)

어구풀이

~きり ~뿐(그것이 마지막임을 나타냄)
楽しみ　즐거움, 낙
もう　이미, 벌써
ゲーム　게임, 오락
笑(わら)う　웃다
騒(さわ)ぐ　떠들다
のりまき　김밥
船(ふな)よい　뱃멀미
今でも　지금도
はっきり　똑똑히, 뚜렷히
覚(おぼ)える　기억하다
歌(うた)う　노래하다
気楽(きらく)に 홀가분하게, 마음편하게
だんだん　점점, 차차
息苦(いきぐる)しい　숨이 막히다, 답답하다
へとへとになる　녹초가 되다
立(た)つ　서다
何とも言えない　무엇이라 말할 수 없다
同(おな)じ　같은
コース　코스, 과정
違(ちが)う　다르다, 틀리다
ずいぶん　아주, 몹시
変(か)わる　변하다, 바뀌다
~まま　그대로, ~ 채
考(かんが)える　생각하다
~だけでも　~만으로도
いっぱいになる　(가슴이)벅차다

문형해설

CD 2-10 1 결정 · 결과의 표현

동사의 기본형 +	ことにする	결정(~하기로 하다)	行くことにする
	ことになる	결과(~하기로 되다)	行くことになる

1 동사의 기본형 + ことにする

・もうお酒(さけ)は飲まないことにしました。

・あした友達(ともだち)にあやまることにしました。

2 동사의 기본형 + ことになる

・課長(かちょう)の代理(だいり)で私が会議(かいぎ)に出席(しゅっせき)することになりました。

・今度の秋(あき)、結婚(けっこん)することになった。

2 용언의 병렬『～し』

동사 형용사 형용동사	기본형 ＋し	・이유를 나타내는 사항을 나열 ・대표적인 이유를 예시	彼も来るし、 頭もいいし、 顔もきれいだし、 年もとったし、

・あの店は値段が安いし、品もいいので、いつもあの店へ買い物に行く。

・このパソコンは操作も簡単だし、軽いです。

・年もとったし、あまり無理な仕事はしないほうがいい。〔예시〕

3 연어(連語)

～について	～에 관하여	주제(언어활동・사고활동)	日本文学について
～に対して	～에 대하여	동작・작용의 대상 (주관적인 감정・의견)	息子に対して
～に関して	～에 관하여	토픽・범위의 한정 (전문적인 내용)	地方経済に関して

・彼についてあまり詳しいことは知りません。

・田中さんの意見に対して異議はありません。

・韓日問題に関していろいろな意見がある。

4 각 품사＋だろう〔추측, 확인, 동의：～(이)겠지, ～(ㄹ)걸〕

품 사	조동사	보통체	정중체
명사 형용사의 기본형 형용동사의 어간 동사의 기본형	＋だろう	美術館だろう 暑いだろう 不便だろう 帰るだろう	美術館でしょう 暑いでしょう 不便でしょう 帰るでしょう

・あの建物(たてもの)は病院(びょういん)ではない**だろう**。

・来週(らいしゅう)のパーティにもちろん行く**だろう**?(남성만 사용)

・京都(きょうと)はきれいな町(まち)**だろう**?(남성만 사용)

5 조사『に』

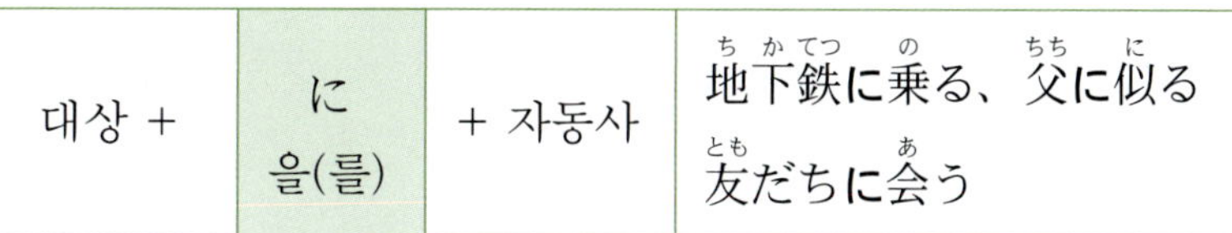

대상 +	に 을(를)	+ 자동사	地下鉄(ちかてつ)に乗(の)る、父(ちち)に似(に)る 友(とも)だちに会(あ)う

・私は声(こえ)が母(はは)**に**似ています。

・バス**に**乗って会社に通(かよ)う。

・昨日、学生時代(じだい)の友人(ゆうじん)**に**会った。

문형연습

1 다음의 문을 보기와 같이 바꾸시오.

> 今度の週末(しゅうまつ)に富士山(ふじさん)へ行きます。
> ➡ 今度の週末に富士山へ行くことにしました。

① これからはスピードを落(お)として運転(うんてん)します。

➡ ______________________________

② 私も田舎(いなか)へ引(ひ)っ越(こ)します。

➡ ______________________________

③ これからはシャンプーは使(つか)いません。

➡ ______________________________

④ 私と弟は今日犬小屋(いぬごや)を作ります。

➡ ______________________________

⑤ 日曜日ごとに釣(つ)りに行きます。

➡ ______________________________

2 다음의 문을 보기와 같이 바꾸시오.

> 大阪支店(おおさかしてん)へ転勤(てんきん)します。
>
> ➡ 大阪支店へ転勤(てんきん)することになりました。

① 田中(たなか)さんと毎日 3時間ずつテニスの練習(れんしゅう)をします。

➡ ______________________________

② 借(か)りた本は2週以内(いない)に返(かえ)します。

➡ ______________________________

③ 名前(なまえ)は漢字(かんじ)で書きます。

➡ ______________________________

④ 来週(らいしゅう)から営業部(えいぎょうぶ)で勤務(きんむ)します。

➡ ______________________________

⑤ みんなで山田さんの誕生日(たんじょうび)パーティーを開(ひら)きます。

➡ ______________________________

3 다음의 두 문장을 보기와 같이 한 문장으로 완성하시오.

> 金(かね)もある。時間(じかん)もある。
>
> ➡ お金もあるし、時間もあります。

① 今日はあまり寒くない。天気もいい。

➡ ______________________________

② あの秘書は英語も上手だ。タイプも速い。

➡ ______________________________

③ この辺は静かだ。家賃も安い。

➡ ______________________________

작문연습

① 내일부터 다이어트 하기로 했습니다.

(ダイエット)

____

② 야마다 씨는 다음달에 귀국하게 되었습니다.

(山田、帰国)

____

③ 비가 오기도 하고 머리도 아프기도 해서 집에서 쉽니다.

(痛い、休む)

____

④ 두 사람의 결혼에 관해서 서로 이야기 했습니다.

(について、話し合う)

____

⑤ 上野역까지는 지하철로 가는 것이 편리하겠지!

(駅、地下鉄)

____

桜(さくら)

3월 하순부터 5월에 걸친, 이 시기가 벚꽃 계절이다. 벚꽃은 한꺼번에 활짝 피었다가 또 한꺼번에 왕창 져버리기 때문에, 벚꽃의 만개는 거의 2, 3일밖에 가지 않는다. 그래서 옛날부터 벚꽃은 일본인의 성격을 나타낸다고도 하였다. 벚꽃이 필 무렵이 되면 지역별로 벚꽃 전선의 도래 현황을 살피는 개화도가 언론에 보도되고, 사람들은 이 짧은 만개 시기를 놓치지 않으려고 벚꽃 명소에 낮 뿐만이 아니라 밤에도 모여, 그 아름다움을 감상한다. 그들은 벚꽃나무 아래에 자리를 깔고, 술잔을 서로 주고 받으면서 노래도 부르고, 춤도 추면서 즐긴다.

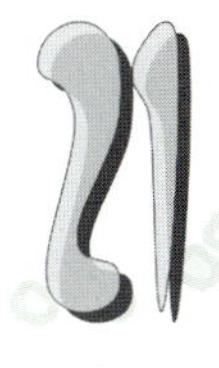

21 プレゼントは何をあげようか

CD 2-11

五月五日は子供の日でもあり、静子の誕生日でもある。
温泉にでも行こうかな。プレゼントは何をあげようか。
父の日に、子供たちはハンカチを買ってくれた。子供たちにはどんなプレゼントをあげようか。
徹には、こいのぼりを買ってあげようかな。
良子は、本がほしいと言っていたから絵本を買ってあげよう。
静子の誕生日プレゼントは何がいいかな。
この間、デパートへ行ったとき、ネックレスをほしがっていたし、僕の誕生日に真珠のタイピンを買ってくれたから、真珠のネックレスにしよう。
きっと喜ぶだろう。
今年の五月五日は金曜日なので、日曜日まで連休だ。
金曜日の誕生日パーティーには、静子の友達も招待しよう。
そして、土曜日と日曜日は親子水入らずで温泉にでも行ってこよう。

子供(こども)の日(ひ)　静子(しずこ)(妻(つま)の名前(なまえ))　誕生日(たんじょうび)　温泉(おんせん)　父(ちち)の日(ひ)
徹(とおる)(息子(むすこ))　良子(よしこ)(娘(むすめ))　絵本(えほん)　僕(ぼく)　真珠(しんじゅ)　連休(れんきゅう)　招待(しょうたい)
親子(おやこ)

어구풀이

~でもある ~이기도 하다
プレゼント 프레젠트, 선물
ハンカチ 손수건
こいのぼり 잉어 드림
この間(あいだ) 요전
デパート 백화점
ネックレス 네클리스, 목걸이
タイピン 넥타이 핀
きっと 반드시, 꼭
喜(よろこ)ぶ 기뻐하다, 좋아하다
パーティー 파티
水入(みずい)らずで 식구끼리

문형해설

CD 2-12

1 동사 + (よ)う〔의지 · 권유 · 의향 · 신청〕

동사류	기본형	활용	의미	보통체	정중체
u 동사	行く【ik-u】	어간+oう	~겠다 ~지 ~자	行こう【ik-oo】	行きましょう
ru 동사	見る【mi-ru】	어간+よう		見よう【mi-yoo】	見ましょう
변격동사	する くる	しよう こよう		しよう こよう	しましょう きましょう

・一緒(いっしょ)にコーヒーを飲**もう**。〔권유〕

・あした早(はや)く起き**よう**。〔의지〕

・その荷物(にもつ)、私が持(も)ち**ましょう**。〔자청〕

2 희망 · 소망(사물)의 표현〔원하다, 바라다, 필요하다〕

용 법	조 사	형 태	예
화자	(희망의 대상)が	ほしい	僕は自転車がほしい

용 법	조 사	형 태	예
화자	(희망의 대상)が	ほしい	あなたは何がほしいですか〔질문〕
제3자	(희망의 대상)を	ほしがる	妻はいい冷蔵庫をほしがる
	(희망의 대상)が	ほしい	彼女は仕事がほしいのです〔단정〕 家より車がほしい人が多い〔수식어〕

3 수수(授受) 표현 1

의 미	수수동사	관 계	예
주다	くれる	자신 ⬅ 타인	アルバムをくれる
	あげる	자신 ➡ 타인	指輪をあげる
	やる	자신 ➡ 어린아이 · 동(식)물	水をやる

- 彼女は私に万年筆を**くれました**。
- 私は彼女に化粧品を**あげました**。
- 私は鶏にえさを**やりました**。

4 수수(授受) 표현 2

의 미	형 태	수수표현	예
~(해)주다	동사 + て형	~てくれる	育ててくれる
		~てあげる	紹介してあげる
		~てやる	見てやる

- 彼は私に雑誌を見せ**てくれました**。
- 外国人にタクシーを呼ん**であげました**。
- 私は子供に英語を教え**てやります**。

문형연습 • • •

1 다음의 문를 보기와 같이 고치시오.

> 魚(さかな)を焼(や)く ➡ 今から魚を焼こう。

① 虫歯(むしば)を抜(ぬ)く。

➡ 今日は 歯医者(はいしゃ)に 行って ______________________

② サイクリングはやめる。

➡ 雨(あめ)が降っているので ______________________

③ 予約(よやく)をお願(ねが)いする。

➡ 飛行機(ひこうき)の切符(きっぷ)は安さんに ______________________

④ 早く寝(ね)る。

➡ 今日は熱(ねつ)があるから ______________________

⑤ 配達(はいたつ)を頼(たの)む。

➡ 荷物(にもつ)が重いから家まで ______________________

2 다음의 주어진 단어를 보기와 같이 바꾸시오.

> かわいい手袋(てぶくろ)を編(あ)む／母(はは) ➡ 私(わたし)
>
> ➡ 母がかわいい手袋を編んでくれました。

① ダイヤの指輪(ゆびわ)を買(か)う／私 ➡ 妻(つま)

➡ 妻に ______________________

② 本を貸(か)す／友(とも)だち ➡ 私

➡ 友だちが ______________________

③ おいしいケーキを作(つく)る／私 ➡ 姉(あね)

➡ 姉(あね)に ________________________________

④ 新(あたら)しいおもちゃを買(か)う／私 ➡ 子供(こども)

➡ 子供(こども)に ________________________________

⑤ 大学の入学願書(にゅうがくがんしょ)を送(おく)る／友(とも)だち ➡ 私

➡ 友だちが ________________________________

작문연습

① 다음주 일요일 이곳에 또 놀러 오자.

(また、遊(あそ)ぶ)

____

② 나는 어렸을 때, 인형을 가장 갖고 싶었습니다.

(子供(こども)、人形(にんぎょう))

____

③ 이 만년필은 누구나 갖고 싶어하는 것입니다.

(万年筆(まんねんひつ)、誰(だれ)でも)

____

④ 결혼 약속을 했을 때, 당신은 그녀에게 무엇을 주었습니까?

(約束(やくそく)、彼女(かのじょ))

____

⑤ 이 양복은 엄마가 사 주었습니다.

(洋服(ようふく)、買(か)う)

____

ひな祭(まつ)り

3월 3일은 여자아이의 날이다. 이 날은 주홍색의 양탄자가 깔린 5단 또는 7단의 계단 위에, 옛날 궁중의 우아한 의상을 걸친 인형을 장식한다. 이들 인형은 천황과 황후 한 쌍의 인형(内裏雛:だいりびな), 궁중의 여궁(3인의 官女:かんじょ), 대신(左大臣와 右大臣), 그리고 궁중악사(5인囃子:はやし)로 되어 있다. 이것은 여자아이들이 여궁들처럼 우아하고 아름답게 자라기를 바라는 것이다. 소녀들은 아름다운 기모노를 입고 인형이나 도구의 장식(ひなかざり) 앞에 모여, 떡을 먹거나 단술(白酒:しろざけ)을 마시면서, 즐거운 시간을 보낸다. 이 날은 또 삼짇날(桃の節句:もものせっく)로도 알려져 있다.

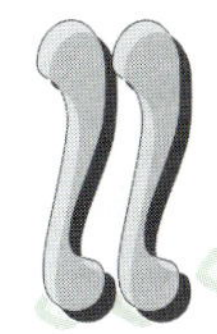

プログラマーになりたがっていた

CD 2-13

小学生のころから、私はテレビゲームがとても好きだった。
中学生の時は、将来ゲームソフトを作りたいと思っていた。
クラスメートの村上君や木村君も、ゲームソフトを作るプログラマーになりたがっていた。
私達三人はテレビゲームに夢中になって、勉強はそっちのけでゲームばかりしていた。

しかし、高校生になって私たち三人はある約束をした。一生懸命勉強して大学に入って、コンピューター工学を専攻して立派なプログラマーになろうと。
その約束の通り私達は、同じ大学ではないが、みんなコンピューターを専攻して、ゲームソフト・サークルで活発に活動している。
今年、四年生だから、来年 卒業だ。卒業後、私達は就職しないで、中学生の頃から夢だったゲームソフトの会社を、三人で設立しようと思っている。
未来のベンチャー企業家を夢見て。

中学生(ちゅうがくせい)　将来(しょうらい)　村上(むらかみ)　君(くん)　木村(きむら)　私達(わたしたち)　夢中(むちゅう)　高校生(こうこうせい)
約束(やくそく)　工学(こうがく)　専攻(せんこう)　立派(りっぱ)　活発(かっぱつ)　活動(かつどう)　就職(しゅうしょく)　設立(せつりつ)
未来(みらい)　企業家(きぎょうか)

어구풀이

ゲームソフト 게임소프트
作(つく)る 만들다, 제작하다
クラスメート 클라스메이트, 동급생
プログラマー 프로그래머
そっちのけ 내동댕이침, 거들떠보지 않음
しかし 그러나, 그렇지만

ある 어떤, 어느
コンピューター 컴퓨터
～通(とお)り ～대로, ～듯이
サークル 서클, 동아리
ベンチャー 벤처
夢見(ゆめみ)る 꿈(을) 꾸다

문형해설

CD 2-14

1 희망 · 소망 (동작)의 표현 〔~고 싶다, 싶어하다〕

	주어	조사	예
たい	화자	희망의 대상+を (が · 강조)	(私は)もっと安(やす)いのを(が)買(か)いたい
	상대		(あなたは) どんなスポーツがしたいですか〔질문〕
	제3자		みんな早(はや)く帰国(きこく)したいのです〔단정〕 母(はは)はどこか温泉(おんせん)へ行きたいらしい〔추량〕 山(やま)に行きたい学生(がくせい)もいる〔수식어〕

	주어	예
たがる	제3자	猫(ねこ)は部屋(へや)の外(そと)へ出たがっている〔현재상태〕 子供は甘(あま)いものを食(た)べたがる 弟(おとうと) は子供の頃(ころ)大統領(だいとうりょう) になりたがっていた〔과거상태〕
	화자	私が行きたがっているのに、彼は知(し)らん顔(かお)をしている〔복문〕

2 단정의 표현

문 체		보통체		정중체	
		현재 (~이다)	과거 (~이였다)	현재 (~입니다)	과거 (~이였습니다)
회화체	명사 +	だ	だった	です	でした(だったです)
문장체		である	であった	であります	でありました

- 山田は本校(ほんこう)の生徒(せいと)**だ**。➡ 山田は本校の生徒**だった**。
- 山田さんは本校の学生**です**。➡ 山田さんは本校の学生**でした**。
- 東京は日本の首都(しゅと)**である**。 ➡ 東京は日本の首都**であります**。
- 京都(きょうと)も昔(むかし)日本の首都**であった**。➡ 京都も昔日本の首都**でありました**。

3 사고 · 감정의 표현

문형		예	표현	의미
명사 + だ		外交官(がいこうかん)だ	と思う (思っている)	~라고 생각한다 (생각하고 있다)
동사	기본형	勉強(べんきょう)する		
형용사		高(たか)い		
형용동사		きれいだ		
동사의 의지형		行(い)こう		
		食(た)べよう		
		しよう		
		こよう		

- 川村(かわむら)さんは試験に通(とお)る**と思います**。(화자의 생각)
- あなたは東京大学に入(はい)りたい**と思いますか**。(상대방의 생각을 물음)
- 私は東京大学に入**ろうと思います**。(화자의 생각)
- あなたはどこに入(はい)ろう**と思いますか**。(상대방의 생각을 물음)

4 사고 · 감정의 표현『～と思っている』

・私は来年の夏(なつ)、日本へ帰ろう**と思っています。**(화자)

・田中(たなか)さんは来年の夏、日本へ帰ろう**と思っています。**(제3자)

・あの人はいつも自分(じぶん)がほかの人より偉(えら)い**と思っている。**(제3자)

・川村(かわむら)さんは試験に通る**と思っています。**(川村씨의 생각・화자의 생각)

문형연습

1 다음의 문을 보기와 같이 고치시오.

今日は休(やす)みだ ➡ 昨日は憲法(けんぽう)記念日で休みだった。

① 美人(びじん)だ。

➡ 大城(おおしろ)さんは昔(むかし)も ______

② 空(あ)き地(ち)だ。

➡ この辺(あた)りは去年までは ______

③ 不良(ふりょう)だ。

➡ 高校(こうこう)の時(とき) ______

④ 恋人(こいびと)だ。

➡ マリリン・モンローは大統領(だいとうりょう)の ______

⑤ いい天気(てんき)だ。

➡ きのうは ______

2 다음의 문을 보기와 같이 바꾸시오.

食事(しょくじ)の前にシャワーを浴(あ)びる。 ➡ 私は食事の前にシャワーを浴びたいです。 ➡ 青木(あおき)さんは食事の前にシャワーを浴びたがっています。

① 家に帰る。

➡ 私は ______________________

➡ 父は ______________________

② 真由美(まゆみ)さんとデートする。

➡ 私は ______________________

➡ 松木(まつき)君は ______________________

③ 今度(こんど)の旅行は一緒に行く。

➡ 私も ______________________

➡ 弟も ______________________

④ たばこをやめる。

➡ あなたは ______________________ か。

➡ 友だちは ______________________

⑤ 有名(ゆうめい)なピアニストになる。

➡ 私は ______________________

➡ 緑(みどり)ちゃんは ______________________

3 다음의 문을 보기와 같이 바꾸시오.

日本で仕事(しごと)をする。 ➡ 日本で仕事をしようと思います。

① 今晩(こんばん)、友だちと会う。

➡ ______________________________

② あしたの朝(あさ)、早(はや)く起きる。

➡ ______________________________

③ 今度の連休(れんきゅう)には、釣(つ)りにでも行く。

➡ ______________________________

작문연습

① 올 겨울에는 친구와 같이 스키타러 가고 싶습니다.

(スキーに行く)

② 김씨는 어머니가 만든 김치를 먹고 싶어하고 있다.

(作る、キムチ)

③ 토끼와 다람쥐는 어느 쪽이 빠르다고 생각합니까?

(うさぎ、りす)

④ 나는 언제나 고향에 돌아가고 싶다고 생각하고 있습니다.

(故郷(ふるさと)、帰る)

⑤ 이번 연휴에는 수영이라도 하러 갈까 생각하고 있습니다.

(連休(れんきゅう)、水泳(すいえい)にでも)

七夕(たなばた)

칠석은 7월 7일, 또는 곳에 따라서는 8월 7일이다. 이 날은 베가별에 있는 직녀별과 알타이별에 있는 견우별인, 두 개의 별에 얽힌 옛날 중국의 전설에서 시작되었다. 그들은 열렬히 사랑하는 사이였지만, 신은 이것을 좋게 생각하지 않고, 그들을 서로 갈라놓고, 7월 7일 밤에만 하늘의 강에서 서로 만나는 것을 허락하였다. 두 사람이 무사히 재회할 수 있도록 빌며, 사람들은 그 계절의 과일이나 야채를 바치거나, 단가(短歌)나 속담 등을 쓴 종이(短冊:たんざく)로 대나무 가지를 장식하였다. 그리고 장식을 붙인 대나무는 집 입구에 달아놓는다.

CD 2-15

中国文学を専攻していたそうです

先月、大学の近くの下宿から大学の寮に引っ越ししました。
寮は五階建ての新しいビルで、私の部屋は三階にあります。下宿には風呂がなくて 毎日 銭湯へいかなければなりませんでしたが、寮には共同の風呂があります。
24時間、いつ入ってもいいので、とても便利です。
私の部屋にはベッド、机、本棚が一つずつあり、それにテレビとCDラジカセが一台ずつあります。

テレビは日本語の聞き取りの練習にいいので、私は学校から帰るとすぐ、また朝、目をさますとすぐテレビをつけます。
テレビの前にちゃんと座って見なくても、テレビの音を聞きながら食事を作ったり、テレビを見ながらご飯を食べたりするだけで、聞き取りの力はどんどんついていきます。

私は隣の部屋の王さんと親しくなりました。
王さんは中国から日本文学を勉強しに来ました。

下宿(げしゅく)　寮(りょう)　部屋(へや)　～建(だ)て　風呂(ふろ)　銭湯(せんとう)　共同(きょうどう)
便利(べんり)　台(だい)　聞(き)き取(と)り　練習(れんしゅう)　音(おと)　食事(しょくじ)　力(ちから)　隣(となり)
文学(ぶんがく)

中国では中国文学を専攻していたそうです。

私は今、東洋史を勉強しています。

専門の勉強には中国語が必要ですから、週一回一時間王さんに教えてもらっていますが、この時はロシアから来た四階のアキモバさんも一緒です。

彼女も私と同じく東洋史を勉強しています。

でも、彼女は漢字が全然分からないので、中国語の勉強が私よりずっとたいへんだろうと思います。

でも一生懸命 勉強しています。

私は最初は日本での生活がさびしかったですが、今は日本の友達や外国の友達がたくさんできて、それほどさびしくありません。

専攻(せんこう)　東洋史(とうようし)　必要(ひつよう)　一回(いっかい)　漢字(かんじ)　全然(ぜんぜん)　最初(さいしょ)　生活(せいかつ)

어구풀이

近(ちか)く 근처
ビル 빌딩, 건물
いつ 언제
ベッド 베드, 침대
それに 게다가, 더욱이
ラジカセ 카세트 라디오
~とすぐ ~자 마자 곧
目(め)をさます 잠을 깨다
つける (텔레비전 등을)켜다
ちゃんと 단정하게, 가만히
座(すわ)る 앉다
どんどん 부쩍부쩍
つく (실력이)붙다, 늘다
親(した)しい 친하다, 사이좋다
教(おし)える 가르치다
ロシア 러시아
ずっと 훨씬
大変(たいへん)だ 힘들다
さびしい 쓸쓸하다, 외롭다
できる (친구)생기다
それほど 그렇게, 그다지

문형해설

CD 2-16 **1 수수(授受)표현 1**

의 미	수수동사	관 계	예
받다	もらう	자신 ⬅ 타인	人形(にんぎょう)をもらう 友だちに(から)もらう

- 金さんに人参茶(にんじんちゃ)を**もらいました**。
- あの人は人に物(もの)を**もらう**ことを嫌(いや)がります。
- 昨日、友だちから手紙(てがみ)を**もらった**。

2 수수(授受) 표현 2

의 미	형 태	수수표현	예
~(해)받다	동사의 て형	~てもらう	書いてもらう

・お巡(まわ)りさんが上野公園(うえのこうえん)への行(い)き方(かた)を教えてくれました。

➡ お巡りさんに上野公園への行き方を教え**てもらいました**。

・旅行(りょこう)会社がビザの手続(てつづ)きをしてくれました。

➡ 旅行会社にビザの手続きをし**てもらいました**。

・先生が発音(はつおん)を直(なお)してくださいました。

➡ 先生に発音を直し**ていただきました**。

3 전문(伝聞)의 표현『そうだ』

형 태	조동사	의 미	예
명사＋だ	＋そうだ	~(라)고 한다	留学生(りゅうがくせい)だそうだ
동사의 기본형			教(おし)えるそうだ
형용사의 기본형			正(ただ)しいそうだ
형동의 기본형			無事(ぶじ)だそうだ

・山田さんの長男(ちょうなん)は大学生だ**そうだ**。

・今晩、外(そと)で食事をしない**そうです**。

・あしたはあまり寒(さむ)くない**そうだ**。

・日本人はとても親切(しんせつ)だ**そうです**。

4 허가 표현『~てもいいです』

어떤 동작을 행하는 것을 인정	동사의 음편형	てもいい ~(해)도 좋다	行ってもいい 食べてもいい
어떤 동작을 행하지 않는 것을 인정	동사의 부정활용형	なくてもいい ~(하)지 않아도 좋다	行かなくてもいい 食べなくてもいい

- 博物館(はくぶつかん)の中で写真(しゃしん)をとってもいいですか。
- ここではたばこを吸(す)ってもいいです。
- この会社(かいしゃ)ではネクタイをしめなくてもいいですか。
- この学校の生徒は制服(せいふく)を着なくてもいいです。

5 의무 · 당연 · 필요의 표현『~なければならない』

품사	기본형	가정조건형	문형 및 의미
동사	歩(ある)く	歩かなければ (~なくては)	+ならない(いけない) ~(하)지 않으면 안된다
형용사	強(つよ)い	強くなければ (~くなくては)	
형동	便利(べんり)だ	便利でなければ (~でなくては)	

- 学生は勉強(べんきょう)しなければ(なくては)なりません。
- この薬(くすり)を飲まなければ(なくては)いけません。
- 野球選手(やきゅうせんしゅ)は丈夫(じょうぶ)でなければ(なくては)なりません。
- 今日は洗濯(せんたく)しなければ(なくては)いけません。

문형연습

1 다음의 문을 보기와 같이 바꾸시오.

> 姉が本の整理(せいり)をしてくれました。
>
> ➡ 姉に本の整理をしてもらいました。

① 先輩(せんぱい)が秋葉原(あきはばら)へ行ってくれました。

➡ 先輩に ______________________

② 田村(たむら)さんが人名辞典(じんめいじてん)を貸してくれました。

➡ 田村さんに ______________________

③ 大城(おおしろ)先生が日本料理の作(つく)り方(かた)を教(おし)えてくださいました。

➡ 大城先生に ______________________

④ 先生が先生の初恋(はつこい)の話をしてくださいました。

➡ 先生に ______________________

2 다음의 문을 보기와 같이 바꾸시오.

> 日本の夏(なつ)はあまり暑(あつ)くない。
>
> ➡ 日本の夏はあまり暑くないそうです。

① 先生の奥(おく)さんはとてもきれいです。

➡ ______________________

② 田中(たなか)さんのお兄(にい)さんも医者(いしゃ)でした。

➡ ______________________

③ 陳(ちん)さんは先週(せんしゅう) 中国(ちゅうごく)へ帰(かえ)りました。

➡ ______________________

3 다음의 문장을 보기와 같이 바꾸시오.

窓(まど)を閉(し)める ➡ 窓を閉めてもいい ➡ 窓を閉めなくてもいい

① お酒を飲(の)む ➡ ______________ ➡ ______________

② 日本語で話(はな)す ➡ ______________ ➡ ______________

③ 明日は参加(さんか)する ➡ ______________ ➡ ______________

④ 写真(しゃしん)を撮(と)る ➡ ______________ ➡ ______________

4 다음을 예와 같이 바꾸시오.

約束(やくそく)の時間はちゃんと守(まも)ります。 ➡ 約束の時間はちゃんと守らなければなりません。

① 急用(きゅうよう)ができて家へ帰ります。

➡ 急用ができて______________

② 健康(けんこう)に悪いから体重(たいじゅう)を減(へ)らす。

➡ 健康に悪いから______________

③ 人には親切(しんせつ)にする。

➡ 人には______________

④ お年寄(としよ)りには席(せき)を譲(ゆず)ります。

➡ お年寄りには______________

⑤ 友達が入院(にゅういん)していて、今日はお見舞(みま)いに行きます。

➡ 友達が入院していて、今日は______________

작문연습

① 나는 애인으로부터 장미 꽃다발을 받았습니다.

(恋人、薔薇の花たば)

② 지하철 안에서 학생이 자리를 양보해 주었습니다.

(席、譲ってもらう)

③ 자신의 일은 스스로 하지 않으면 안됩니다.

(自分のこと、自分で)

④ 차를 운전할 때에는, 교통법칙을 지키지 않으면 안됩니다.

(運転する、交通規則)

⑤ 이 카세트라디오는 어학공부에 도움이 된다고 합니다.

(ラジカセ、役に立つ)

絵馬

絵馬(えま)는 오각형의 작은 나무조각으로, 앞으로의 행운을 기원하거나 소원이 이루어진 사례로서 신사나 절에 봉납하는 말 그림 액자이다. 앞면에는 보통 말 그림을 그리지만, 지금은 말 이외의 그림도 그리며, 여러 가지 디자인의 絵馬를 수집하는 사람들도 있다. 입학시험 때 신의 가호를 기원하는 수험생들이 봉납하는 絵馬는 많은 절이나 신사의 경내에서 볼 수 있다. 뒷면을 보면, 수험생의 이름과 지망 학교명이 쓰여 있다.

煙草を吸ってはいけない

CD 2-17

うちの会社は、事務室の中でたばこを吸ってはいけない。

たばこを吸っている人だけではなく、となりの人の体にも悪いからだ。

会社の中でたばこを吸ってもいい所は休憩室だけなので、吸いたい人はみんな休憩室へ行く。

みんな、勤務中に、たばこを吸うためにわざわざ休憩室まで行くのも面倒だし、体によくないからやめようとは思っているが、なかなかやめることができないそうだ。

それで、たばこをやめるために自分なりの方法を考えている。

山田さんはたばこの代わりにコーヒーを飲んでいる。コーヒーも飲みすぎると、体に悪いから1日3杯だけにしているそうだ。

中村さんという人はキャンディーをなめている。キャンディーは歯に悪いので、なめた後は歯を磨かなければならない。

みんなたばこのために苦労をしている。

事務室（じむしつ）　吸う（す）　休憩室（きゅうけいしつ）　勤務中（きんむちゅう）　面倒（めんどう）　体（からだ）　自分（じぶん）

方法（ほうほう）　中村（なかむら）　歯（は）　磨く（みが）

어구풀이

~だけではなく　~ 뿐만 아니라
となりの人　옆사람(이웃)
~ために　~ 위하여, ~ 때문에
わざわざ　일부러
やめる　그만두다, 포기하다
なかなか　좀처럼
それで　그래서, 그런 까닭에
~なり　~ 나름대로
~の代(か)わりに　~ 대신에
キャンディーをなめる　사탕을 먹다
苦労(くろう)をする　고생하다

문형해설

CD 2-18

1 과도의 표현『~すぎる』

동사의 ます형 형용사의 어간 형용동사의 어간	+ すぎる	지나치게(너무)~하다	飲(の)みすぎる 大(おお)きすぎる 簡単(かんたん)すぎる

- たばこを吸(す)い**すぎる**から、胃(い)が悪(わる)くなるのです。
- 髪(かみ)の毛(け)が長(なが)**すぎる**から、短(みじか)く切(き)ってください。
- この辺は静か**すぎ**て、寂(さび)しいくらいです。

2 금지표현

동사의 활용형	문 형	의 미	예
て형	~てはいけない	직접적, 개인이나 집단에 호소	そばへ来てはいけない いたずらをしてはいけない

동사의 활용형	문 형	의 미	예
て형	～てはならない	간접적, 일반적인 원칙, 보편적	たばこを吸ってはならない 油断してはならない

- 遅刻し**てはいけませんよ**。
- まだ熱があるから、外で遊ん**ではいけません**。
- この部屋に入っ**てはならない**そうだ。
- 人にうそをつい**てはならない**。

3 부드러운 금지 · 의뢰표현

동사의 활용형	문 형	의 미	예
ない형	～ないで下さい	～하지 마세요	ここでたばこを吸わないで下さい

- ここにごみを捨て**ないで下さい**。
- このことを社長に言わ**ないで下さい**。
- この部屋に入ら**ないで下さい**。

문형연습

1 다음의 보기와 같이 질문에 맞게 대답하시오.

あそこに車を止める ➡ あそこに車を止めないで下さい。
➡ あそこに車を止めてはいけません。

① 講演中(こうえんちゅう)にガムをかむ

➡ ______ ➡ ______

② そのうわさを他(ほか)の人(ひと)に言う

➡ ______ ➡ ______

③ 仕事(しごと)が終(お)わる前に帰(かえ)る

➡ ______ ➡ ______

④ 熱(ねつ)があるからお風呂(ふろ)に入(はい)る

➡ ______ ➡ ______

⑤ 夜遅(よるおそ)くにはお見舞(みま)いに行く

➡ ______ ➡ ______

2 다음의 문을 보기와 같이 바꾸시오.

ラジオの音(おと)が大きいです。

➡ ラジオの音が大きすぎます。

① あのアパートの部屋代(へやだい)は高(たか)いです。

➡ ______

② 日本の新宿(しんじゅく)はにぎやかです。

➡ ______

③ この前(まえ)のテストは簡単(かんたん)でした。

➡ ______

④ ゆうべ 日本酒(にほんしゅ)を飲みました。

➡ ______

작문연습

① 너무 많이 걸어서 다리가 아픕니다.

(歩(ある)く、すぎる)

② 야마다 씨는 너무 진지해서 재미없습니다.

(まじめだ、すぎる)

③ 일본어 문법은 너무 어렵다고 생각합니까?

(難(むずか)しい、すぎる)

④ 위험하니까 그곳에서 장난을 해서는 안 됩니다.

(危(あぶ)ない、いたずら)

⑤ 박물관 안에서는 사진을 찍지 말아 주세요.

(博物館(はくぶつかん)、写真(しゃしん)を撮(と)る)

達磨

達磨(だるま)는 6세기경 인도불교의 **聖者**달마를 일본음으로 읽은 것으로, 이 **聖者**는 9 년간 돌 위에서 **坐禅**한 상태로 명상을 계속함으로써 다리가 마비되어 버려 걸을 수가 없게 된 사람이라고 알려져 있다.

達磨는 현재에는 주로 이 **聖人**이 명상하고 있는 자세의 형태를 딴 빨간 **張り子**인형(틀에 종이를 겹붙여서 말린 뒤, 그 틀을 빼내어 만든 것)을 가리킨다.

이 인형은 밑부분에 무거운 추를 붙여놓아 쓰러뜨려도 다시 일어선다. 이것은 불굴의 의지력을 표현하고 있는 것으로써, 성공을 바라는 상인이나 정치가들의 행운의 상징으로 흔히 사용되고 있다.

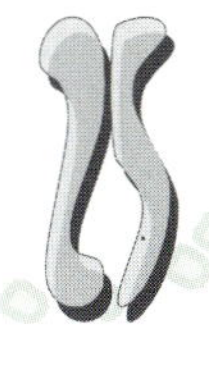

ハイキングは予定通り行けそうです

CD 2-19

空が暗いですね。

― ええ。雨が降りそうですね。

天気予報によると今日は雨だそうです。

― 今日も雨ですか。今週は梅雨らしい天気が続いていますね。

つゆ…ですか。

― 梅雨というのは、春から夏の間の、雨の多い時期のことです。韓国にも梅雨があるらしいですね。

ええ。韓国では「ジャンマ」といいます。韓国ももうすぐ梅雨です。韓国は日本よりおそく、6月の半ばから7月の半ばまでの約一ヶ月間です。

― そうですか。私はこの梅雨の時期が大嫌いです。

ところで、あしたのハイキングは行けるでしょうか。

空(そら)　暗い(くらい)　雨(あめ)　天気予報(てんきよほう)　梅雨(つゆ)　続く(つづく)　春(はる)　夏(なつ)

間(あいだ)　多い(おおい)　時期(じき)　半ば(なかば)　約(やく)　今晩(こんばん)

— 天気予報によると今晩 雨がやむそうですから、ハイキングは予定通り行けそうです。

金さんも大分体の具合いがよくなったようですから、誘ってみましょうか。

— それはよかったですね。そうしましょう。

予定通り(よていどお)　大分(だいぶ)　体(からだ)　具合い(ぐあ)　誘う(さそ)

어구풀이

降(ふ)る　내리다, 오다
~によると　~에 의하면
~らしい　~과 같은
~という　~라고 하는
もうすぐ　이제 곧
~のことだ　~을(를) 말(뜻)한다
ジャンマ　장마
大嫌(だいきら)いだ　아주 싫어하다
ハイキング　하이킹
雨(あめ)がやむ　비가 개다
それはよかったですね
그것 참 다행이네요.

문형해설

CD 2-20

1 양태 (추량)의 표현 1『~そうだ』

형 태	조동사	의 미	예
동사의 ます형 형용사의 어간 형용동사의 어간	+ そうだ	~(인)것 같다	落(お)ちそうだ おいしそうだ 静(しず)かそうだ

- あの子は泣(な)きそうな顔をしている。
- このコートはかなり高(たか)そうですね。
- あのレストランは静(しず)かではなさそうです。

2 추량의 표현 2『～ようだ』

형 태	조동사	의 미	예
명사 + の	+ようだ	～(인)것 같다	雨(あめ)のようだ
동사의 기본형			終(お)わるようだ
형용사의 기본형			寒(さむ)いようだ
형동의 어간 + な			元気(げんき)なようだ

・外は雨の**ようだ**。

・熱(ねつ)はないし、気分(きぶん)もいいし、もう治(なお)った**ようだ**よ。

・今年は去年より寒(さむ)くない**ようです**。

・国の両親(りょうしん)も元気な**ようです**。

3 추량의 표현 3『～らしい』

형 태	조동사	의 미	예
명사	+らしい	～(인)것 같다	雨(あめ)らしい
		～답다	女らしい
동사의 기본형		～(인)것 같다	分(わ)かるらしい
형용사의 기본형			寒(さむ)いらしい
형동의 어간			豊(ゆた)からしい

・うわさによると、あの女優(じょゆう)とあの俳優(はいゆう)は恋人同士(こいびとどうし)**らしい**。

・フランスでは、子供(こども)もワインを飲(の)んでいる**らしい**。

・東京(とうきょう)の夏(なつ)はソウルより暑(あつ)い**らしい**です。

・あの辺は、夜(よる)は静か**らしい**です。

4 양태 (추량) 표현의 의미상의 차이

おいしいらしい	어떤 단서나 정보가 있는 경우	객관적
おいしそうだ	눈으로 보고 느낀 경우	⬇
おいしいようだ	직감적인 판단이나 추량의 경우	주관적

・あの店(みせ)のうどんはおいしい**らしい**。

・うわあ、おいし**そうですね**。はやく食べましょう。

・きのうのうどんより、今日のうどんの方が少(すこ)し固(かた)い**ようです**。

5 동사의 가능표현

동 사	기본형	형 태	예	유사표현
u	読(よ)む	어간+eる	読める	読むことができる
ru	寝(ね)る	어간+られる	寝られる	寝ることができる
カ변	来(く)る	·	こられる	来ることができる
サ변	する	·	できる	することができる

・このセーターは水で洗(あら)**えますか**。(洗う**ことができますか**)

・学生時代(じだい)の楽(たの)しかったことが忘(わす)れ**られません**。(忘れる**ことができません**)

・あした、また来**られますか**。(来る**ことができますか**)

문형연습

1 다음의 문을 보기와 같이 바꾸시오.

この桃(もも)はおいしい。➡ この桃はおいしそうです。

① テーブルからスプーンが落ちる。

➡ ______________________________

② 金さんは真面目だ。

➡ ______________________________

③ この仕事は今日中に終わる。

➡ ______________________________

2 다음을 보기와 같이 『ようだ』를 사용하여 문장을 완성하시오.

> 金さんは顔色が悪いですね。(疲れています)
> ➡ 疲れているようです。

① 子供たちが走り回って遊んでいる。(外で遊ぶのがおもしろいです)

➡ ______________________________

② あれっ。地震かな。(少し揺れました)

➡ ______________________________

③ 金さんと李さんと、どちらが背が高いですか。(金さんの方が少し高い)

➡ ______________________________

3 다음을 ( )안의 문장을 사용하여 보기와 같이 바꾸시오.

> 学生が大勢いる。(近くに大学がある)
> ➡ 近くに大学があるらしい。

① 2時間も待ちました。(鈴木さんは今日は来ない)

➡ ______________________________

② 道路に消防車が来ている。(近所で火事がある)

➡ ______

③ 隣の家にはベンツがある。(鈴木さんはとても金持ちだ)

➡ ______

작문연습

① 입원한 친구는 언제쯤 퇴원할 수 있습니까?

(入院、退院)

② 감기 걸린 것 같습니다. 먼저 실례하겠습니다.

(風邪を引く、ようだ)

③ 비가 올 것 같으니까, 우산을 가지고 가는 편이 좋습니다.

(そうだ、～たほう)

④ 눈이 빨갛네요. 어제 조금밖에 못 잔 것 같습니다.

(らしい、少ししか)

⑤ 일본인의 이름은 어려워서 좀처럼 외울 수가 없습니다.

(名前、なかなか)

風鈴

風鈴(ふうりん)은 금속제, 유리 또는 도자기제로 일본 집의 처마 끝에 매달린 작은 방울이다. 아래에는 작은 종이가 붙어있고, 이 종이에는 보통 짧은 시나 노래 문구가 쓰여져 있다. 바람이 불면, 이 종이 조각은 춤추고 작은 방울이 울리기 시작한다. 이 방울소리와 함께 바람 속에서 춤추는 종이조각의 움직임을 보고 있으면, 덥고 습기가 많은 한 여름에도 시원함과 상쾌함을 느끼게 된다.

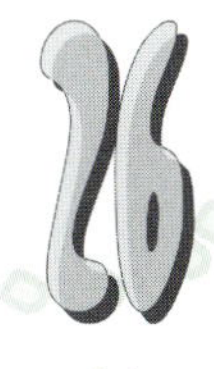

都合を聞いてみなければ分かりません

CD 2-21

ジョンソンさんが来月の20日に国へ帰るそうです。

— あ、はっきり決まったんですね。

ええ、それで送別会でも開こうと思っているんですが、どうでしょうか。

— いいですね。やりましょう。いつごろがいいでしょうか。

まず、ジョンソンさんの都合を聞いてみなければ分かりませんが、来月の初めごろがいいんじゃないかと思います。

— ええ、やっぱりそのころがいいでしょう。帰国する直前は忙しいでしょうから。

そうですね。

鐘路あたりならみんなも来やすいと思います。

— そうですね。鐘路のレストランか喫茶店はどうでしょう。場所は20人ぐらい入ることのできるところでなければいけませんね。

国(くに)　決(き)まる　送別会(そうべつかい)　開(ひら)く　都合(つごう)　帰国(きこく)　直前(ちょくぜん)

鐘路は朴さんが詳しいから、朴さんに頼むときっといい場所をみつけてくれると思います。

— いいえ、鐘路ならやっぱり崔さんですよ。

へぇ、そうなんですか。では崔さんに頼むことにしましょう。

— 崔さんには私から連絡しておきます。

じゃ、山田さんとベリーさんには私の方から話しておきます。

— ええ、お願いします。月日がたつのは早いものですね。もう、ジョンソンさんがアメリカへ帰るなんて。

ええ、本当に。

忙(いそが)しい　喫茶店(きっさてん)　場所(ばしょ)　詳(くわ)しい　頼(たの)む　連絡(れんらく)

어구풀이

はっきり　확실히, 분명히
やる　하다
いつごろ　언제쯤
やっぱり　역시
あたり　근처, 주위
レストラン　레스토랑
～か　～이나
きっと　분명히, 반드시
見(み)つける　찾아내다, 발견하다
私から　내가(내쪽에서)
～ておく　～(해) 두다
お願(ねが)いする　부탁하다
月日(つきひ)がたつ　세월이 흐르다(지나다)
～なんて　～이라니, ～하다니
本当(ほんとう)に　정말로, 참으로

문형해설

CD 2-22

1 가정 · 조건의 표현 1『～ば』

품사		긍정		부정	
		형태	예	형태	예
동사	u	어간＋eば	読めば	어간＋aなければ	読まなければ
	ru	어간＋reば	起きれば	어간＋なければ	起きなければ
	カ변	·	くれば	·	こなければ
	サ변	·	すれば	·	しなければ
명사		명사＋なら(ば)	雨ならば	명사＋でなければ	雨でなければ
형용동사		어간＋なら(ば)	便利ならば	어간＋でなければ	便利でなければ
형용사		어간＋ければ	大きければ	어간＋くなければ	大きくなければ

· 丈夫(じょうぶ)**なら(ば)**高くても買いたいです。
· もしあした雨**ならば**出発(しゅっぱつ)は延期(えんき)しよう。
· 暖(あたたか)く**なれば**雪(ゆき)がとける。
· あなたもコンパに来**れば**よかったのに。

2 가정 · 조건의 표현 2『～と』

품 사		긍 정		부 정	
		형 태	예	형 태	예
동사	u	기본형＋と	なると	어간＋aないと	ならないと
	ru	기본형＋と	かけると	어간＋ないと	かけないと
	カ변	·	くると	·	こないと
	サ변	·	すると	·	しないと
명사		명사＋と	夕方(ゆうがた)だと	명사＋でないと	夕方でないと
형용동사		기본형＋と	親切(しんせつ)だと	어간＋でないと	親切でないと
형용사		기본형＋と	忙(いそが)しいと	어간＋くないと	忙しくないと

・このスイッチを押(お)すと電気(でんき)がつきます。

・暖(あたたか)くなると雪(ゆき)がとける。

・忙しいと元気が出るのが私の性質(せいしつ)です。

・彼に会うといつもけんかをしてしまう。

3 가정 · 조건의 표현 3『～たら』

품 사		긍 정		부 정	
		형 태	예	형 태	예
동사	u	음편형＋たら	行ったら	어간＋aなかったら	行かなかったら
	ru	음편형＋たら	食べたら	어간＋なかったら	食べなかったら
	カ변	·	きたら	·	こなかったら
	サ변	·	したら	·	しなかったら
명사		명사＋だったら	冬(ふゆ)だったら	명사＋でなかったら	冬でなかったら
형용동사		어간＋だったら	元気(げんき)だったら	어간＋でなかったら	元気でなかったら
형용사		어간＋かったら	遠(とお)かったら	어간＋くなかったら	遠くなかったら

・次の授業が終わったら、昼ご飯を食べに行きましょう。

・研究室に行ったら金さんがいた。

・もし、私が大統領だったら困っている人を助けたい。

・私の足がもっと長かったらよかったのに。

4 가정 · 조건의 표현 4『～なら』

품 사	형 태	예
명사	명사 + なら(ば)	雨なら(ば)
형용동사	어간 + なら(ば)	穏やかなら(ば)
동사	기본형 + なら(ば)	出かけるなら(ば)
형용사	기본형 + なら(ば)	忙しいなら(ば)

・電気製品なら秋葉原が安いです。

・そんなに暇なら、ちょっと私の仕事を手伝って下さい。

・30分前に出かけたなら、もうそろそろ着くはずだ。

・眠いなら、もう寝た方がいいですよ。

5 복합형용사『～やすい、～にくい』

동사의 ます형 +	やすい	～(하)기 쉽다	書きやすい
	にくい	～(하)기 어렵다	書きにくい

・映画は暗いほうが見やすい。

・この辞書は引きやすいです。

・このコンピューターの説明書は分かりにくい。

6 달

先々月 (지지난달)	先月 (지난달)	今月 (이번달)	来月 (다음달)	再来月 (다음다음달)
せんせんげつ	せんげつ	こんげつ	らいげつ	さらいげつ

문형연습

1 다음의 문을 보기와 같이 하나의 문으로 바꾸시오.

> 春(はる)になる／花(はな)が咲(さ)く ➡ 春になれば花が咲きます。

① 風(かぜ)が吹(ふ)く／波(なみ)が立(た)つ

➡ ______

② コンピューターを使(つか)う／早(はや)い

➡ ______

③ 暇(ひま)ではない／コンサートに行かない

➡ ______

④ 天気(てんき)がいい／ハイキングに行く

➡ ______

2 다음의 두 문을 보기와 같이 하나의 문으로 바꾸시오.

> 1に2を足(た)す／3になる ➡ 1に2を足すと3になります。

① この道をまっすぐ行く／白(しろ)い家が見える

➡ ______

② 金さんはお金がある／パチンコ屋へ行く

➡ ______________________________

③ 学生ではない／割引ができない

➡ ______________________________

④ 百円 入れる／ジュースが出る

➡ ______________________________

3 다음의 두 문을 보기와 같이 하나의 문으로 바꾸시오.

雨が降る／傘を貸して下さい。 ➡ 雨が降ったら傘を貸して下さい。

① お金がある／旅行したいです。

➡ ______________________________

② 外へ出る／雨が降っていました。

➡ ______________________________

③ あした／席があります。

➡ ______________________________

4 다음의 두 문을 보기와 같이 하나의 문으로 바꾸시오.

邪魔だ／片付ける ➡ 邪魔なら片付けます。

① ビビンパ／この店が一番おいしい

➡ ______________________________

② 静かでも不便だ／アパートを借りない

➡ ______________________________

③ 体の調子(ちょうし)が悪(わる)い／早(はや)く帰った方がいい

➡ ______________________________

작문연습

① 그렇게 재미있다면 나도 읽고 싶습니다.

______________________________ (面白(おもしろ)い、～ければ)

② 점원이 친절하다면 또 사러 오겠지요.

______________________________ (店員(てんいん)、～と)

③ 공항에 도착하면, 전화해 주세요.

______________________________ (空港(くうこう)、～たら)

④ 바쁘다면 내일이라도 상관없지요.

______________________________ (忙(いそが)しい、～ならば)

⑤ 이 약은 쓰기 때문에 먹기 어렵네요.

______________________________ (薬(くすり)、苦(にが)い)

万 歳

万歳(ばんざい)란, 글자 그대로 말하면 「일만년」을 나타내지만, 본래는 영어의 「장수를 빌다」와 비슷한 내용으로, 장수를 비는 축하 환호성으로, 이 때 양손을 위로 3번든다. 천황의 장수를 빌 때도 자주 만세와 함성을 지른다. 제2차 세계 대전 중, 대부분의 일본병사는 「천황폐하만세(天皇陛下万歳!)」라고 외치고 특수 공격에 돌입하기도 했지만, 원래 「万歳」는 기쁨의 표현으로, 우리들의 일상생활에서 즐거운 것이 있으면 언제나 외쳐도 좋은 것이다.

本文を一行ずつ読ませます

CD 2-23

私の学校の日本語の先生は男の方です。

先生は、授業中はできるだけ日本語で話します。

学生に各課の単語をきちんと覚えさせるために、毎回 授業の始めに単語の試験を行います。

そして、全員に、先生の後について本文を一行ずつ読ませます。

その後一人一人に読ませます。

この時、発音の誤りを直します。

それが終わると文法の説明をします。

この時は韓国語を使います。

文法説明の後は文型練習をします。

説明した文法事項をもう一度確かめるためです。

それから、本文を訳しますが、この時は まず 学生に訳させて、その後 もう一度 先生が訳し直します。

そして学生たちに本をみさせないで、先生がもう一度 ゆっくり本文を読んで聞かせます。

各課（かくか）　単語（たんご）　毎回（まいかい）　全員（ぜんいん）　本文（ほんぶん）　一行（いちぎょう）　読（よ）む　発音（はつおん）　直（なお）す

終（お）わる　文法（ぶんぽう）　説明（せつめい）　文型（ぶんけい）　練習（れんしゅう）　事項（じこう）　訳（やく）

自分がどのぐらい聞き取れるかを学生に確認させるためです。
授業が終わる五分前には、その日の文法事項や文型をもう一度説明してしっかり身につけさせます。

先生は授業の時はきびしいですが、授業が終わると優しいです。
私たちは先生の指示にしたがってきちんと勉強しています。
外国語というのは、根気よく毎日すこしずつ勉強していくことがいちばん大切だと、いつも先生はおっしゃいます。
来年は、日本人に話しかけられても、もじもじしないぐらいになりたいと思ってがんばっています。

確認(かくにん)　優しい(やさしい)　指示(しじ)　大切(たいせつ)

어구풀이

できるだけ　가능한 한

きちんと　정확히

試験(しけん)を行(おこな)う　시험을 치다

後(あと)について　뒤따라서

誤(あやま)り　잘못, 실수

確(たし)かめる 확실히 하다, 확인하다

もう一度(いちど)　다시 한 번

ゆっくり　천천히, 서서히

しっかり　완전히, 단단히

身(み)につける　(몸에)익히다

厳(きび)しい　엄하다, 혹독하다

～にしたがって　～에 따라서

根気(こんき)よく　끈기있게

おっしゃる　말씀하시다

話(はな)しかける　말을 걸다

もじもじ　머뭇머뭇

頑張(がんば)る　분발하다, 노력하다

문형해설

CD 2-24

1 직접수동표현〔타동사 + れる · られる〕

동 사	기본형	형 태	의 미	조 사	예
u	しかる	어간 +aれる	～하게 되다 (당하다)	に から によって	しかられる
ru	教(おし)える	어간 +られる			教えられる
サ변	する	·			される

· 夜遅(よるおそ)く家に帰って父に**しかられた**。

· 弟(おとうと)が友達(ともだち)**に**おもちゃをと**られた**。

· 彼は医者(いしゃ)**から**酒を禁(きん)じ**られている**。

· モナリザはダビンチ**によって**描(か)**かれた**。

2 간접수동표현 〔자 · 타동사 + れる · られる〕

기본형	형 태	의 미	예
降(ふ)る	어간 + aれる	다른 동작 · 작용에 의해 불이익이나 피해를 입었다는 느낌을 나타냄	降られる
死(し)ぬ	어간 +aれる		死なれる
来(く)る	·		来られる

・連休(れんきゅう)は、ずっと雨に**降られて**家にいました。

・山田さんは去年奥さんに**死(し)なれました**。

・きのう、友だちに**来(こ)られて**、勉強できませんでした。

3 사역(使役)표현 〔동사 + せる · させる〕

동 사	기본형	형 태	의 미	조 사	예
u	待(ま)つ	어간 + aせる	~하게 하다	を に	待たせる
ru	食(た)べる	어간 +させる			食べさせる
カ변	来(く)る	·			こさせる
サ변	する	·			させる

・ 先生が生徒たち**を**プールで泳(およ)が**せています**。

・ 母は子供に野菜(やさい)**を**食べ**させました**。

・ 兄(あに)は 弟(おとうと) **に**空港(くうこう)まで迎(むか)えに来**させました**。

・ 先生が学生**に**掃除(そうじ)を**させました**。

4 ～ために

목적 (～위하여)	명사＋の	結婚のため、
	동사의 기본형(현재형만)	金を借りるために、
이익 (～위하여)	명사＋の	恋人のために、
원인 · 이유 (～때문에)	명사＋の	病気のため、
	동사의 기본형	友達が来たため、
	형용사의 기본형	風が強かったため、

1 목적

- アメリカには経済学の勉強のためにきました。
- 約束時間を守るためには地下鉄のほうがいいです。

2 남의 이익

- 家族のために一生懸命働く。
- 彼のためにマフラーを編んだ。

3 원인 · 이유

- 病気のため会社を休みました。
- バスが遅れたために遅刻した。

문형연습

1 다음의 문을 보기와 같이 수동형으로 만드시오.

> このお寺は500年前に建てる。
>
> ➡ このお寺は500年前に建てられました。

① 地下鉄(ちかてつ)の中(なか)でさいふをとる。

➡ ______________________________

② 金さんは鈴木(すずき)さんをパーティーに招待(しょうたい)する。

➡ ______________________________

③ シェイクスピアが「ハムレット」を書(か)く。

➡ ______________________________

④ うちへ帰(かえ)る途中(とちゅう)、雨が降りました。

➡ ______________________________

⑤ 子供(こども)が泣(な)いて、眠(ねむ)れませんでした。

➡ ______________________________

2 다음의 문을 보기와 같이 사역형으로 바꾸시오.

> 子供(こども)がご飯を食べます。(← 母)
> ➡ 母(はは)が子供にご飯を食べさせます。

① 姉は毎日宿題(まいにちしゅくだい)をします。(← 母)

➡ ______________________________

② 私は毎日かかさずに日記(にっき)をつけます。(← 父(ちち))

➡ ______________________________

③ うちの子は自由(じゆう)に遊びます。(← 私)

➡ ______________________________

④ 後輩(こうはい)がお酒を飲みました。(← 先輩(せんぱい))

➡ ______________________________

⑤ カラオケで山田さんが歌(うた)を歌(うた)いました。(← 友達)

➡ 友だちが ______________________________

3 다음을 보기와 같이 고쳐 보시오.

> 親(おや)／勉強するのではない
>
> ➡ 親のために勉強するのではない。

① 息子

➡ ______________ 新しいエムピースリー[MP3]を買いました。

② 今度の試合(しあい)に失敗(しっぱい)しない

➡ ________________________ 熱心に練習しました。

③ 努力(どりょく)した

➡ ______________ 成績が上がった。

④ 英語の点(てん)が悪かった

➡ ______________________ 入試に失敗しました。

⑤ やり方(かた)をまちがえた

➡ ______________________ 損をしました。

작문연습 ● ● ●

① 친구에게 영어 번역을 부탁받았습니다.

______________________________ (翻訳(ほんやく)、頼(たの)む)

② 사람들을 만나면 아이들을 반드시 인사시킵니다.

(必ず、挨拶)

③ 사장님이 佐藤씨를 오게 했습니다.

(社長)

④ 시험공부로 바쁜데 친구가 놀러왔다.

(～に、来られる)

⑤ 머리가 무거운 것은 공기가 나쁘기 때문입니다.

(頭が重い、空気が悪い)

経済

일본열도는 산이 많기 때문에, 대규모적인 농업에는 적합하지 않다. 또한 천연자원도 부족하기 때문에, 모든 중요한 광물을 수입에 의존한다. 에너지 자원 중에서도 무한히 사용할 수 있는 것은 수력뿐이다. 그러나 이것만으로는 계속 늘어나는 에너지의 수요를 충당할 수 없기 때문에, 일본이 필요로 하는 석유의 90%이상을 수입에 의존하고 있다. 이러한 필수품의 수입대금을 지불하기 위하여 일본은 제품을 다시 수출하지 않으면 안 되는 것이다. 지금까지 일본 경제는 순조롭게 나아갔고, 일본의 산업이 이렇게 급속히 발전한 것은 세계 경이의 하나가 되었다.

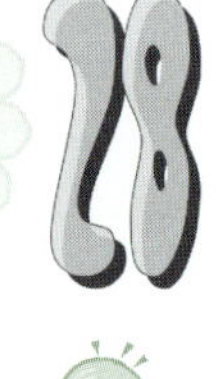

掃除をさせられたりしました

CD 2-25

毎年、3月の第一土曜日と9月の第一土曜日には、高校のクラス会があります。

先週、9月の第一土曜日にもクラス会がありました。クラスメートの中には急用ができて、参加できなかった人もいましたが、それでも20人ぐらいは集まりました。

私たちは高校時代のことをいろいろ話しましたが、その中でもみんなが一番懐かしがっていたのは小林先生のことでした。

とても厳しい先生で、宿題を忘れた学生は廊下に立たされたり、トイレの掃除をさせられたりしました。

でもみんな、心は温かい先生だということは分かっていたようです。

次のクラス会には小林先生も招待することにして、なごりを惜しみながら別れました。

クラス会の帰りに、山田さんと一緒に、交通事故でけがをして病院に入院している福田さんのお見舞いに行きました。

急用(きゅうよう)　参加(さんか)　小林(こばやし)　宿題(しゅくだい)　廊下(ろうか)　掃除(そうじ)　心(こころ)　次(つぎ)

招待(しょうたい)　交通事故(こうつうじこ)　入院(にゅういん)　福田(ふくだ)　お見舞い(みまい)

福田さんは休みの日、マウンテン・バイクに乗ってハイキングに行く途中、赤信号を無視して走ってきた自動車とぶつかってしまったそうです。

初めはけがもひどかったそうですが、今は、少しずつよくなってきていて来週の月曜日あたりに退院できるかもしれないと、お医者さんに言われたそうです。

でも、退院した後もサッカーのような激しい運動はしてはいけないと注意されたそうです。

思ったより元気そうでした。私たちは買っていったメロンと漫画をあげました。

途中（とちゅう）　赤信号（あかしんごう）　無視（むし）　自動車（じどうしゃ）　退院（たいいん）　医者（いしゃ）　運動（うんどう）
注意（ちゅうい）　元気（げんき）　漫画（まんが）

어구풀이

クラス会(かい)　반창회
クラスメート　급우, 학급 친구
集(あつ)まる　모이다
懐(なつ)かしがる　그리워하다
厳(きび)しい　엄하다
忘(わす)れる　잊다
トイレ　화장실
温(あたた)かい　따뜻하다, 다정하다
なごり　이별, 작별
惜(お)しむ 애석히 여기다, 아쉬워하다
別(わか)れる　헤어지다, 작별하다
けがをする　상처를 입다
マウンテン·バイク　산악 자전거
ハイキング　하이킹
走(はし)る　달리다
ぶつかる　부딪치다, 충돌하다
ひどい　심하다
サッカー　축구
激(はげ)しい　심하다, 격하다
思(おも)ったより　생각했던 것보다

문형해설

CD 2-26

1 사역수동표현 〔동사 + (さ)せられる〕

동 사	기본형	형 태	의 미	예
u	飲む	어간＋aせられる (される)	남에 의해서 어쩔수 없이 ~하다 (게 되다)	飲ませられる (される)
ru	食べる	어간＋させられる		食べさせられる
カ변	来る	·		こさせられる
サ변	する	·		させられる

・お酒を無理やりに飲ま**せられ**(**され**)たり、歌を歌わ**せられ**(**され**)たりしました。

・子供はお母さんに嫌いな野菜(やさい)を食べ**させられ**ます。

・母に部屋の掃除(そうじ)を**させられ**ました。

2 조사『～に』

형 태	조 사	왕래동사	의 미	예
명사 동사의 ます형	に	行く、来る もどる、出る 出かける	목적 ～(하)러	買い物に行く 会いに来る 会議に出る

- 母はデパートへショッピングに行きました。
- 王さんは中国から韓国史の勉強にきました。
- ぜひうちへも遊びに来てください。

3 완료 · 유감 등의 표현『～てしまう』

동사의 음편형 +	てしまう	～(해)버리다	読んでしまう 食べてしまう

- 一晩でこの本を読んでしまいました。〔완료〕
- 電話番号を忘れてしまった。〔유감〕
- 授業をさぼってしまった。〔하면 안되는 것을 했음〕

4 조동사『ようだ』의 용법

추측	～인 것 같다	兄弟のようだ
예시	～와 같다	テニスのような運動
비유	마치～와 같다	人形のようにかわいい女の子

- 彼は外出したようだ。
- 働かないで、お金がもらえるような仕事はないでしょうか。
- 彼女の目はまるで仙女のようです。

5 추량의 표현『~かもしれない(しれません)』

명사		猫(ねこ)かもしれない (猫ではないかもしれない)
동사의 기본형	+かもしれない	来(く)るかもしれない (来ないかもしれない)
형용사의 기본형	~지(도)모른다	冷(つめ)たいかもしれない (冷たくないかもしれない)
형용동사의 어간		危険(きけん)かも知れない (危険ではないかも知れない)

- あの人はインド人**かもしれない**。
- 彼はあしたは来る**かもしれません**。
- きょう雨が降ったので、あしたは寒い**かもしれません**。
- 明洞はこの時間もまだにぎやか**かもしれません**。

문형연습

1 다음의 문을 보기와 같이 바꾸시오.

> 母は私に部屋(へや)の掃除(そうじ)をさせました。
> ➡ 私は母に部屋の掃除をさせられました。

① 先輩(せんぱい)は後輩(こうはい)に強(つよ)いお酒を飲ませました。

➡ ______________________________

② 日本語の先生が勉強(べんきょう)をさせました。

➡ ______________________________

③ 会社(かいしゃ)の人は私に日本語(にほんご)で文章(ぶんしょう)を書かせたり、翻訳(ほんやく)をさせたりします。

➡ ______________________________

2 다음의 문을 보기와 같이 바꾸시오.

> 電気(でんき)をつけたまま家を出(で)る。
>
> ➡ 電気をつけたまま家を出てしまったんです。

① 電話番号(でんわばんごう)を忘(わす)れる。

➡ ______________________________

② ガソリンがなくなる。

➡ ______________________________

③ 道(みち)を間違(まちが)える。

➡ ______________________________

④ 書類(しょるい)をよごす。

➡ ______________________________

3 다음을 주어진 단어나 문장을 사용하여 보기와 같은 문장으로 완성하시오.

> 芸能人(げいのうじん) ➡ あの人は芸能人かもしれない(しれません)。

① 病気(びょうき)だ

➡ 彼は ______________________________

② 一人(ひとり)で行ける

➡ 一度 行ったことがあるから ______________________________

③ 席(せき)はある

➡ 平日(へいじつ)だから ______

④ 酸(す)っぱい

➡ このみかんは ______

작문연습

① 나는 선배로 인해 (어쩔수 없이) 술을 마시게 되었습니다.

(使役受動表現)

② 친구와 함께 단풍구경을 하러 설악산에 갔다 왔습니다.

(紅葉(もみじ)がりに行(い)く)

③ 오늘은 늦잠을 자서 학교에 늦어 버렸습니다.

(朝寝坊(あさねぼう)をする)

④ 비행기에서 보면 건물이 성냥갑 같이 보인다.

(建物(たてもの)、マッチ箱(ばこ))

⑤ 그 자료라면 우리 학교 도서관에도 있을지도 모르겠다.

(資料(しりょう)、図書館(としょかん))

お守り

お守り(おまもり)는 일반적으로 나무, 종이 또는 헝겊의 작은 조각에 신의 이름이나 특별한 기원문을 적어 넣는 부적이다. お守り는 행운을 가져오고 악귀나 잡신을 쫓는 것으로, 액막이 부적(お祓い)이 이어지고 있다. 사람들은 보통 お守り를 お守り주머니에 넣어 몸에 지니거나, 대문・현관 또는 집안의 기둥에 붙이기도 하고, 또 자동차 안에 매달기도 한다. お守り는 사원이나 신사에서 살 수 있으며, 그 부처님의 은혜는 교통안전, 입학시험 합격, 병이나 재해의 예방, 직업번영 등 여러가지이다.

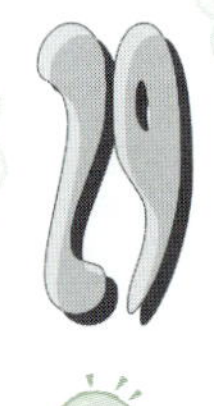

29 いかがお過ごしでしょうか

CD 2-27

先輩、お手紙ありがとうございます。久しぶりに先輩の字をなつかしく拝見しました。お元気で何よりです。今日お電話くださった時、あいにく社用で出かけていてすみませんでした。会社の人が伝言を伝えてくれなかったので、ご連絡できず、ほんとうにごめんなさい。

おとといの誕生日はさびしいものでした。会社の決算で残業を三時間やらされて、帰ってから母の心づくしのワカメ汁をいただいただけ。でもきのうの朝、思いがけず先輩からお手紙をいただき、うれしくて何度も目を通しました。そして、お礼を申し上げたくて、こうしてペンをとりました。

最近、不景気で会社のほうも貧乏ひまなしです。仕事のきびしさを嫌というほど思い知らされている私にとっては、大学院で勉強を続けていらっしゃる先輩がどんなにうらやましいかわかりません。

先輩(せんぱい)　字(じ)　拝見(はいけん)　社用(しゃよう)　出(で)かける　伝言(でんごん)　決算(けっさん)
残業(ざんぎょう)　目(め)を通(とお)す　礼(れい)　最近(さいきん)　不景気(ふけいき)　貧乏(びんぼう)　嫌(いや)
大学院(だいがくいん)　続(つづ)ける

でも、近頃は生活に少し余裕ができて、学生時代がしきりに思い出され、先輩や先生がなつかしくて仕方がありません。山田先生や木下先輩は今いかがお過ごしでしょうか。いつか、ぜひ先輩方や先生にお目にかかって、なつかしい思い出話に花を咲かせたいです。

またお会いできる日を楽しみにしております。

寒い日が続いていますが、どうぞお体に気をつけて、元気にお過ごし下さい。

2006. 12. 3
愛熙より

近頃(ちかごろ)　余裕(よゆう)　仕方(しかた)がない　木下(きのした)　過(す)ごす　思(おも)い出話(でばなし)

어구풀이

久(ひさ)しぶりに 오래간만에, 오랫만에
何(なに)より 무엇보다 다행이다
あいにく 공교롭게(도), 마침
出(で)かける 나가다, 외출하다
ごめんなさい 용서하세요
さびしい 쓸쓸하다, 외롭다
やらす 하게하다, 시키다
心(こころ)づくし 정성(성의)를 다함
ワカメ汁(じる) 미역국
思(おも)いがけず 의외로, 뜻하지 않게
申(もう)し上(あ)げる 말씀드리다
最近(さいきん) 요즈음, 최근
貧乏(びんぼう)ひまなし
가난 때문에 먹고 살기에 바쁘다
思(おも)い知(し)る
뼈저리게 느끼다, 통감하다
続(つづ)ける 계속하다
~にとっては ~로서는, ~에 있어서는
うらやましい 부럽다
しきりに 자꾸만, 자주
なつかしい 그립다
お目(め)にかかる 만나뵙다
楽(たの)しみにする 기대하다, 고대하다
~より ~로부터

문형해설

CD 2-28

1 경어의 종류

尊敬語(そんけいご)	상대나 제3자의 동작 · 상태 등을 높이는 표현
謙譲語(けんじょうご)	자신에 관한 것을 낮추는 표현
丁寧語(ていねいご)	말씨를 정중하게 나타내는 표현

2 존경어

대명사	こちら(さま)、そちら、あちら、どちら(さま) どなた(さま)、この方、その方、あの方、どの方

접 사	접두어	お宅、貴社、ご両親
	접미어	田中さん、中村君、部長殿、鈴木氏
	병 용	お子さん(様)、お嬢さん
동 사	なさる(する)、いらっしゃる(行く･来る･いる) あがる･めしあがる(食べる･飲む)、おっしゃる(言う)	
조동사	～れる	行かれる(行く)、読まれる(読む)
	～られる	出られる(出る)、起きられる(起きる)

・この件は、**どなた**が担当**なさいますか**。

・あした、**お宅**へ**うかがって**もよろしいですか。

・この絵は**どなた**が**描かれた**ものですか。

3 겸양어

대명사	わたし、わたくし
접 사	愚息、愚見、小見、小生、拝見、粗品
동 사	あがる(訪ねる・行く)、いたす(する)、参る(行く・来る) いただく(もらう・食べる・飲む)、申す・申し上げる(言う)

・私は金先生のご結婚の通知を**いただきました**。

・父は先生のお手紙を**拝見**したそうです。

・わたしはあの方からそのことを**うかがいました**。

4 공손어 (丁寧語)

접두어	お水、お茶、お酒、ご飯、お休み、お仕事、お電話
동 사	食べる(食う)、いたす(する)、ござる(ある)、おる(いる)
조동사	～です、～ます

・わたしはあしたは家(うち)に**おります**。

・ボールペンですか。ボールペンはこちらに**ございます**。

・部屋(へや)の掃除(そうじ)はわたしが**いたします**。

5 경어동사의 용법

보통어	존경어	겸양어
言う	おっしゃる	申(もう)す、申し上(あ)げる
行く	いらっしゃる、おいでになる	参(まい)る、あがる、うかがう
来る	いらっしゃる、おいでになる	参る、あがる、うかがう
いる	いらっしゃる、おいでになる	おる
する	なさる	いたす
食べる	召(め)し上がる	いただく
くれる	くださる	
やる		あげる、さしあげる
訪(たず)ねる		あがる、うかがう
もらう		いただく
聞く		拝聴(はいちょう)する
思う、知る	ご存(ぞん)じ	存(ぞん)ずる
見る		拝見(はいけん)する
会う		お目(め)にかかる

문형연습

1 다음의 단어를 보기와 같이 경어 표현으로 고치시오.

> 両親(りょうしん) ➡ ご両親

① こっち (　　　　　　)　② 家(うち) (　　　　　　)

③ 名前(なまえ) (　　　　　　)　④ 仕事(しごと) (　　　　　　)

⑤ 家内(かない) (　　　　　　)　⑥ 兄(あに) (　　　　　　)

2 다음의 존경어 표현을 보기와 같이 겸양 표현으로 바꾸시오.

> きのうの講演会(こうえんかい)にはいらっしゃいましたか。
> ➡ はい、まいりました。

① 田中(たなか)先生の論文(ろんぶん)をもうご覧(らん)になりましたか。

➡ はい、＿＿＿＿＿＿＿＿＿＿

② どうぞ、めしあがって。

➡ はい、＿＿＿＿＿＿＿＿＿＿

③ ひまな時(とき)、何(なに)かスポーツをなさいますか。(テニス)

➡ はい、時々(ときどき)＿＿＿＿＿＿＿＿＿＿

④ 田中先生の奥様(おくさま)をご存(ぞん)じですか。

➡ はい、＿＿＿＿＿＿＿＿＿＿

3 다음의 문을 보기와 같이 존경어 표현 (~れる、~られる)으로 바꾸시오.

> 今朝(けさ)、何時(なんじ)に起(お)きましたか。
>
> ➡ 今朝、何時に起きられましたか。

① この絵(え)はどなたが描(か)いたものですか。

➡ この絵はどなたが ______________________

② 毎日(まいにち)、何時頃 家を出ますか。

➡ 毎日、何時頃 家を ______________________

③ どこで買物(かいもの)しましたか。

➡ どこで買物 ______________________

④ いつ日本へ来(き)ましたか。

➡ いつ日本へ ______________________

작문연습

① 야마다 씨 아버님께서는 오늘 아침에 몇시에 일어나셨습니까? 〈尊敬語〉

(今朝(けさ))

____

② 오늘 점심에도 짬뽕을 잡수셨나요? 〈尊敬語〉

(昼(ひる)ご飯(はん)、チャンポン)

____

③ 신사복 매장은 3층에 있습니다. 〈丁寧語〉

(紳士服(しんしふく)、売(う)り場(ば))

____

④ 저는 선배에게 CD 1장을 받았습니다. 〈謙譲語〉

(CD、1枚)

____

⑤ 사장님은 지금 회의실에 있습니다. 〈다른 회사 사람에게 얘기할 때〉

(会議室(かいぎしつ))

____

年賀状

年賀状(ねんがじょう)을 보내는 일본의 습관은 크리스마스카드를 교환하는 서양의 습관과 약간 닮은 점이 있다. 그러나 크리스마스카드가 크리스마스 당일보다 늦게 도착하면 안되는 반면, 年賀状은 설날보다 일찍 도착해서는 안된다. 해마다 11월 초하루에 우체국(郵政省：ゆうせいしょう)에서 발매하는 관제엽서(年賀葉書：ねんがはがき)를 12월 중순까지 우체통에 넣으면, 우체국에서 한데 모아 두었다 설날 아침에 일찍 배달한다. 年賀状은 친척이나 친구들 또는 거래처에 새해의 행운을 빌며 보내는 것이다.

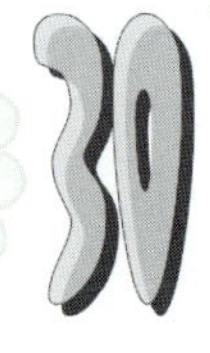

よくお似合いですよ

CD 2-29

いらっしゃいませ。何をお探しですか。

― ブラウスが欲しいんですけど。

お探しの色とサイズはございますか。

― はい、色はピンク色でサイズはMのがほしいんです。

Mですか。少々お待ちください。

お待たせいたしました。こちらなどはいかがでしょうか。

― ありがとう。

色はいいんだけどちょっときついようですね。

この上のサイズを見せてください。

はい、かしこまりました。

"L"でございます。いかがですか。

― こんどはちょうどいいです。

よくお似合いですよ。

― あのう、このブラウスに合うスカートもほしいんですけど。

探す(さがす)　欲しい(ほしい)　色(いろ)　少々(しょうしょう)　待つ(まつ)　上(うえ)　見せる(みせる)

似合う(にあう)　合う(あう)　何色(なにいろ)　客(きゃく)　申し訳(もうしわけ)　人気(にんき)　以外(いがい)

何色がよろしいでしょうか。

— ええと、グレーがいいです。

グレーですね。

少々お待ちください。

こちらはいかがでしょうか。

— デザインと色はいいですね。

　でもサイズがちょっと…。

お客さまのサイズは?

— 27です。

申し訳ございませんが、このデザインのものは人気があって、あいにく25以外のサイズは、今 売り切れております。

あしたならお取り寄せできますので、もしよろしければ、あしたの朝、お宅にご連絡いたしましょうか。

— ええ、お願いします。

それでは、こちらにお宅の電話番号をお願いいたします。

売り切れる(うりきれる)　**取り寄せる**(とりよせる)　**宅**(たく)　**電話番号**(でんわばんごう)

어구풀이

いらっしゃいませ　어서 오십시오

ブラウス　블라우스

サイズ　사이즈

ござる　있다(あるの 공손어)

ピンク色(いろ)　분홍색, 핑크색

お待たせいたしました
(오래)기다리게 했습니다

ちょっと　조금, 약간

きつい　꼭 끼다

かしこまりました
알겠습니다, 분부대로 하겠습니다

ちょうどいい　딱 좋다

よく　잘, 아주

スカート　스커트

グレー　회색, 그레이

デザイン　디자인

申し訳ございません　죄송합니다

あいにく　공교롭게도, 마침

もしよろしければ
혹시(만약) 괜찮으시다면

문형해설

CD2-30

1 보조동사를 사용한 존경표현

문 형	형 태	예
お(ご)～になる	동사의 ます형	お休(やす)みになる
お(ご)～です	동사의 ます형	お待(ま)ちです
	동사성 명사	ご注文(ちゅうもん)です
お(ご)～ください	동사의 ます형	お許(ゆる)しください
	동사성 명사	ご検討(けんとう)ください
お(ご)～なさる	동사의 ます형	お話(はな)しなさる
	동사성 명사	ご説明(せつめい)なさる

문형	형태	예
～ていらっしゃる	동사의 음편형	喜んでいらっしゃる
～てくださる		来てくださる

1 お(ご)～になる

・後藤さんはあしたどこで**お会いになりますか**。

・会社へは何時に**お見えになりますか**。

2 お(ご)～です

・高橋さんは次の駅で**お乗り換えですか**。

・日曜日は**ご在宅ですか**。

3 お(ご)～ください

・ここにお名前とご住所を**お書きください**。

・早速**ご連絡ください**まして助かりました。

4 お(ご)～なさる

・木村さんに**お会いなさらなかった**のですか。

・あの方は若い頃**ご苦労なさいました**。

5 ～ていらっしゃる

・先生は研究室で待っ**ていらっしゃいます**。

・先生は採点をし**ていらっしゃる**。

6 ～てくださる

・ちょっと待っ**てください**。

・ここに名前と住所を書い**てください**。

2 보조동사를 사용한 겸양표현

문 형	형 태	예
お(ご)～する(いたす)	동사의 ます형	おじゃまする(いたす)
	동사성 명사	ご連絡いたす
お(ご)～申し上げる	동사의 ます형	お助け申しあげる
	동사성 명사	ご協力もうしあげる
お(ご)～いただく	동사의 ます형	お調べいただく
	동사성 명사	ご指摘いただく
お(ご)～願う	동사의 ます형	お支払いねがう
	동사성 명사	ご遠慮ねがう
～ていただく	동사의 음편형	伝えていただく
～(さ)せていただく	동사의 사역형	休ませていただく

1 お(ご)～する(いたす)

- 金さんには私が**お**知らせ**します**。(いたします)
- 今週中に**ご**通知**します**。(いたします)

2 お(ご)～申し上げる

- よろしく**お**願い**申し上げます**。
- **御**連絡**もうしあげます**。

3 お(ご)～いただく

- 結果を**お**知らせ**いただき**たいのですが。
- **御**承知**いただけませんか**。

4 お(ご)～願う

・午前10時に先生の研究室にお集まり願います。

・御勘弁願います。

5 ～ていただく

・学生は先生にお茶を入れていただきました。

・私は人に仕事を手伝っていただきました。

6 ～(さ)せていただく

・お先に帰らせていただきます。

・会は15日に変更させていただきます。

문형연습

1 다음의 문을 보기와 같이 고치시오.

田中さんは普段 何時頃帰りますか。

➡ 田中さんは普段 何時頃お帰りになりますか。

① 金さんは何を持っていますか。

➡ 金さんは ____________________

② 友達がロビーで待っています。

➡ お友達が ____________________

③ 兄は三年前までは法律事務所に勤めていました。

➡ 佐々木先生は ____________________

④ 奥(おく)さんはもう出(で)かけましたか。

➡ 奥様はもう ______________________

⑤ 田村さん、大事(だいじ)な問題(もんだい)ですので、ぜひ聞いてください。

➡ 田村先生、大事な問題ですので、______________________

2 다음의 문을 보기와 같이 고치시오.

> もういちど話(はな)してください。
>
> ➡ もういちどお話しください。

① 奥(おく)さんにもよろしく伝えてください。

➡ 奥様(おくさま)にもよろしく ______________________

② 済州島の写真(しゃしん)ができあがったら送(おく)ってください。

➡ 済州島の写真ができあがったら ______________________

③ 池袋(いけぶくろ)駅でJR線(せん)に乗(の)ってください。

➡ 池袋駅でJR線に ______________________

④ そう言わないでもう一度 検討(けんとう)してください。

➡ そうおっしゃらないでもう一度 ______________________

⑤ 難(むずか)しい漢字(かんじ)の読(よ)み方(かた)は王さんに聞いてください。

➡ 難しい漢字の読み方は王さんに ______________________

3 다음의 주어진 동사를 가지고 보기와 같이 고치시오.

> 荷物(にもつ)は私が持(も)ちます。
>
> 荷物は私が ┌ お持ちします。
>
> 　　　　　 └ お持ちいたします。

① では、またこちらから電話(でんわ)します。

➡ では、またこちらから [______________________]

② 分(わ)からないところは金先生に尋(たず)ねました。

➡ 分からないところは金先生に [______________________]

③ あの件(けん)については私が調(しら)べました。

➡ あの件については私が [______________________]

작문연습

① 당신의 행복을 빌어 드리겠습니다.

______________________ (幸(しあわ)せ、祈(いの)る)

② 선생님은 저 책방에서 책을 사셨습니다.

______________________ (本屋(ほんや))

③ 여기는 금연석이니까 담배는 삼가해 주십시오.

______________________ (禁煙席(きんえんせき)、遠慮(えんりょ))

④ 동경시내 지도를 갖고 계십니까?

______________________ (市内(しない)、地図(ちず))

⑤ 선생님에게 빌린 사전을 돌려드립니다.

______________________ (借(か)りる、返(かえ)す)

羽根つき

羽根つき(はねつき), 정초의 쉬는 기간동안, 여자들은 배드민턴과 비슷한 「羽根つき」 게임을 한다. 그녀들은 라켓 대신에 「羽子板：はごいた」을 사용하는데, 이것은 가부키 배우나 인기 스타의 얼굴 등이 예쁘게 그려져 있는 것으로 羽根つき를 치는 판이다. 화려한 기모노를 입은 여자들은, 羽子板로 羽根(모감주에 새털을 꽂은 제기 비슷한 것)를 쳐서, 서로 하늘 높이 날려 올린다. 게임에서 지면, 벌로서 얼굴에 먹물을 칠하는 벌칙이 있다. 그러나 이 풍습도 급속히 변하는 도시화 속에서 점점 사라지고 있다.

축일 祝日

1月(睦月) (いちがつ(むつき))

1日 元日(がんじつ)、お正月(しょうがつ)

第(だい)2月曜日(げつようび) 成人(せいじん)の日(ひ)

2月(如月) (にがつ(きさらぎ))

11日 建国記念日(けんこくきねんび)

3月(弥生) (さんがつ(やよい))

20~21日 春分(しゅんぶん)の日(ひ)

4月(卯月) (しがつ(うづき))

29日 昭和(しょうわ)の日(ひ)

4月29日~5月5日 ゴ-ルデン・ウィ-ク

5月(皐月) (ごがつ(さつき))

3日 憲法記念日(けんぽうきねんび)

4日 緑(みどり)の日(ひ)

5日 子供(こども)の日(び)

6月(水無月) (ろくがつ(みなづき))

7月(文月) (しちがつ(ふみづき))

20日 海(うみ)の日(ひ)

8月(葉月) (はちがつ(はづき))

9月(長月) (くがつ(ながつき))

15日 敬老(けいろう)の日(ひ)

23日頃 秋分(しゅうぶん)の日(ひ)

10月(神無月) (じゅうがつ(かんなづき))

第2月曜日(げつようび) 体育(たいいく)の日(ひ)

11月(霜月) (じゅういちがつ(しもつき))

3日 文化(ぶんか)の日(ひ)

23日 勤労感謝(きんろうかんしゃ)の日(ひ)

12月(師走) (じゅうにがつ(しわす))

23日 天皇誕生日(てんのうたんじょうび)

( )안은 음력을 나타냄

日付

日曜日	月曜日	火曜日	水曜日	木曜日	金曜日	土曜日
		1 ついたち	2 ふつか	3 みっか	4 よっか	5 いつか
6 むいか	7 なのか	8 ようか	9 ここのか	10 とおか	11 じゅう いちにち	12 じゅう ににち
13 じゅう さんにち	14 じゅう よっか	15 じゅう ごにち	16 じゅう ろくにち	17 じゅう しちにち	18 じゅう はちにち	19 じゅう くにち
20 はつか	21 にじゅう いちにち	22 にじゅう ににち	23 にじゅう さんにち	24 にじゅう よっか	25 にじゅう ごにち	26 にじゅう ろくにち
27 にじゅう しちにち	28 にじゅう はちにち	29 にじゅう くにち	30 さんじゅう にち	31 さんじゅう いちにち		

시간 時間

何時間 (なんじかん)	何週間 (なんしゅうかん)	何カ月 (なんげつ)	何年 (なんねん)
1時間 (いちじかん)	1週間 (いっしゅうかん)	1カ月 (いっげつ)	1年 (いちねん)
2時間 (にじかん)	2週間 (にしゅうかん)	2カ月 (にげつ)	2年 (にねん)
3時間 (さんじかん)	3週間 (さんしゅうかん)	3カ月 (さんげつ)	3年 (さんねん)
4時間 (よじかん)	4週間 (よんしゅうかん)	4カ月 (よんげつ)	4年 (よねん)
5時間 (ごじかん)	5週間 (ごしゅうかん)	5カ月 (ごげつ)	5年 (ごねん)
6時間 (ろくじかん)	6週間 (ろくしゅうかん)	6カ月 (ろっげつ)	6年 (ろくねん)
7時間 (しちじかん)	7週間 (ななしゅうかん)	7カ月 (しちげつ)	7年 (しちねん)
8時間 (はちじかん)	8週間 (はっしゅうかん)	8カ月 (はっげつ)	8年 (はちねん)
9時間 (くじかん)	9週間 (きゅうしゅうかん)	9カ月 (きゅうげつ)	9年 (きゅうねん)
10時間 (じゅうじかん)	10週間 (じゅっしゅうかん)	10カ月 (じゅっげつ)	10年 (じゅうねん)

数字

	幾つ	いくつ	何人	なんにん	何枚	なんまい
1	一つ	ひとつ	一人	ひとり	一枚	いちまい
2	二つ	ふたつ	二人	ふたり	二枚	にまい
3	三つ	みっつ	三人	さんにん	三枚	さんまい
4	四つ	よっつ	四人	よにん	四枚	よんまい
5	五つ	いつつ	五人	ごにん	五枚	ごまい
6	六つ	むっつ	六人	ろくにん	六枚	ろくまい
7	七つ	ななつ	七人	しちにん	七枚	ななまい
8	八つ	やっつ	八人	はちにん	八枚	はちまい
9	九つ	ここのつ	九人	きゅうにん	九枚	きゅうまい
10	十	とお	十人	じゅうにん	十枚	じゅうまい
11	十一	じゅういち	十一人	じゅういちにん		

	何台	なんだい	何階	なんかい	何回	なんかい
1	一台	いちだい	一階	いっかい	一回	いっかい
2	二台	にだい	二階	にかい	二回	にかい
3	三台	さんだい	三階	さんがい	三回	さんかい
4	四台	よんだい	四階	よんかい	四回	よんかい
5	五台	ごだい	五階	ごかい	五回	ごかい
6	六台	ろくだい	六階	ろっかい	六回	ろっかい
7	七台	ななだい	七階	ななかい	七回	ななかい
8	八台	はちだい	八階	はちかい	八回	はっかい
9	九台	きゅうだい	九階	きゅうかい	九回	きゅうかい
10	十台	じゅうだい	十階	じゅっかい	十回	じゅっかい

	何丁目	なんちょうめ	何番地	なんばんち	何号	なんごう
1	一丁目	いっちょうめ	一番地	いちばんち	一号	いちごう
2	二丁目	にちょうめ	二番地	にばんち	二号	にごう
3	三丁目	さんちょうめ	三番地	さんばんち	三号	さんごう
4	四丁目	よんちょうめ	四番地	よんばんち	四号	よんごう
5	五丁目	ごちょうめ	五番地	ごばんち	五号	ごごう
6	六丁目	ろくちょうめ	六番地	ろくばんち	六号	ろくごう
7	七丁目	ななちょうめ	七番地	ななばんち	七号	ななごう
8	八丁目	はっちょうめ	八番地	はちばんち	八号	はちごう
9	九丁目	きゅうちょうめ	九番地	きゅうばんち	九号	きゅうごう
10	十丁目	じゅっちょうめ	十番地	じゅうばんち	十号	じゅうごう

	何着	なんちゃく	何軒	なんげん	何ページ	なんページ
1	一着	いっちゃく	一軒	いっけん	一ページ	いちページ
2	二着	にちゃく	二軒	にけん	二ページ	にページ
3	三着	さんちゃく	三軒	さんげん	三ページ	さんページ
4	四着	よんちゃく	四軒	よんけん	四ページ	よんページ
5	五着	ごちゃく	五軒	ごけん	五ページ	ごページ
6	六着	ろくちゃく	六軒	ろっけん	六ページ	ろくページ
7	七着	ななちゃく	七軒	ななけん	七ページ	ななページ
8	八着	はっちゃく	八軒	はっけん	八ページ	はちページ
9	九着	きゅうちゃく	九軒	きゅうけん	九ページ	きゅうページ
10	十着	じゅっちゃく	十軒	じゅっけん	十ページ	じゅっページ

	何足	なんぞく	何杯	なんばい	何匹	なんびき
1	一足	いっそく	一杯	いっぱい	一匹	いっぴき
2	二足	にそく	二杯	にはい	二匹	にひき
3	三足	さんぞく	三杯	さんばい	三匹	さんびき
4	四足	よんそく	四杯	よんはい	四匹	よんひき
5	五足	ごそく	五杯	ごはい	五匹	ごひき
6	六足	ろくそく	六杯	ろっぱい	六匹	ろっぴき
7	七足	ななそく	七杯	ななはい	七匹	ななひき
8	八足	はっそく	八杯	はっぱい	八匹	はっぴき
9	九足	きゅうそく	九杯	きゅうはい	九匹	きゅうひき
10	十足	じゅっそく	十杯	じゅっぱい	十匹	じゅっぴき

	何個	なんこ	何冊	なんさつ	何本	なんぼん
1	一個	いっこ	一冊	いっさつ	一本	いっぽん
2	二個	にこ	二冊	にさつ	二本	にほん
3	三個	さんこ	三冊	さんさつ	三本	さんぼん
4	四個	よんこ	四冊	よんさつ	四本	よんほん
5	五個	ごこ	五冊	ごさつ	五本	ごほん
6	六個	ろっこ	六冊	ろくさつ	六本	ろっぽん
7	七個	ななこ	七冊	ななさつ	七本	ななほん
8	八個	はっこ	八冊	はっさつ	八本	はっぽん
9	九個	きゅうこ	九冊	きゅうさつ	九本	きゅうほん
10	十個	じゅっこ	十冊	じゅっさつ	十本	じゅっぽん

친족 명칭
親族名称

呼称	자신의 家族		남의 家族
	소개할 경우	직접 부를 경우	
할아버지	祖父(そふ)	お祖父(じい)さん(様(さま)) 등	お祖父さん(様)
할머니	祖母(そぼ)	お祖母(ばあ)さん(様) 등	お祖母さん(様)
아버지	父(ちち)	お父(とう)さん(様) 등	お父さん(様)
어머니	母(はは)	お母(かあ)さん(様) 등	お母さん(様)
남편	主人(しゅじん)、夫(おっと)	名前(なまえ)、お父さん 등	御主人(ごしゅじん)、だんな(様)
아내(부인)	家内(かない)、妻(つま)	名前(なまえ)、お母さん 등	奥(おく)さん(様)
형 · 오빠	兄(あに)	お兄(にい)さん 등	お兄さん
누이 · 언니	姉(あね)	お姉(ねえ)さん 등	お姉さん
남동생	弟(おとうと)	名前(なまえ)	弟(おとうと)さん
여동생	妹(いもうと)	名前	妹(いもうと)さん
아들	息子(むすこ)	名前	息子(むすこ)さん、お坊(ぼ)っちゃん
딸	娘(むすめ)	名前	娘(むすめ)さん、お孃(じょう)さん
조카(남)	甥(おい)	名前	甥御(おいご)さん
조카(여)	姪(めい)	名前	姪御(めいご)さん
사위	婿(むこ)	名前	お婿(むこ)さん
며느리	嫁(よめ)	名前	お嫁(よめ)さん

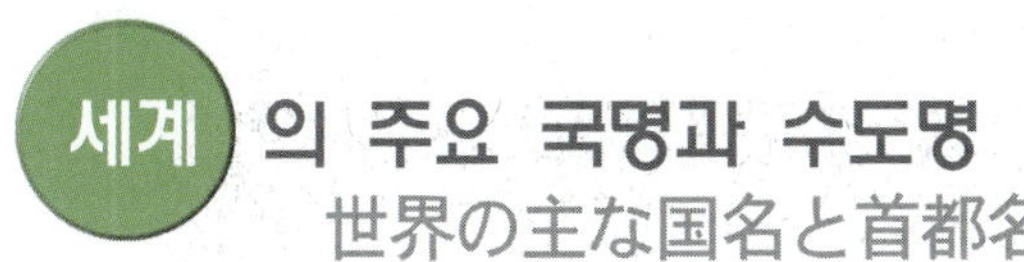

세계 의 주요 국명과 수도명
世界の主な国名と首都名

나 라	国名	수 도	首都
한 국	韓国(かんこく)	서 울	ソウル
일 본	日本(にほん／にっぽん)	동 경	東 京(とうきょう)
북 한	北 朝 鮮(きたちょうせん)	평 양	平 壌(ピョンヤン)
중 국	中 国(ちゅうごく)	북 경	北京(ペキン)
대 만	台湾(タイワン)	타이페이	台北(たいほく／タイペイ)
미 국	アメリカ・米国(べいこく)	워싱턴	ワシントン
영 국	イギリス・英国(えいこく)	런 던	ロンドン
프랑스	フランス	파 리	パリ
독 일	ドイツ	베를린	ベルリン
이탈리아	イタリア	로 마	ローマ
러시아	ロシア	모스크바	モスクワ
스페인	スペイン	마드리드	マドリード
네덜란드	オランダ	암스텔담	アムステルダム
호 주	オーストラリア	캔버라	キャンベラ
인 도	インド	뉴델리	ニューデリー
태 국	タイ	방 콕	バンコク
필리핀	フィリピン	마닐라	マニラ
캐나다	カナダ	오타와	オタワ
스위스	スイス	베 른	ベルン
멕시코	メキシコ	멕시코시티	メキシコシティー
싱가폴	シンガポール	싱가포르	(도시국가)
말레이지아	マレーシア	쿠알라룸프르	クアラルンプール
터어키	トルコ	앙카라	アンカラ
몽 고	モンゴル	울란바토르	ウランバートル
스웨덴	スウェーデン	스톡홀름	ストックホルム
헝가리	ハンガリー	부다페스트	ブダペスト
뉴질랜드	ニュージーランド	웰링턴	ウェリントン
칠레	チリ	산티아고	サンティアゴ
이라크	イラク	바그다드	バグダッド

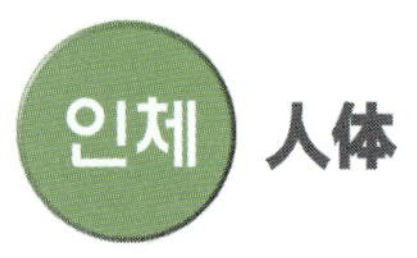

인체 人体

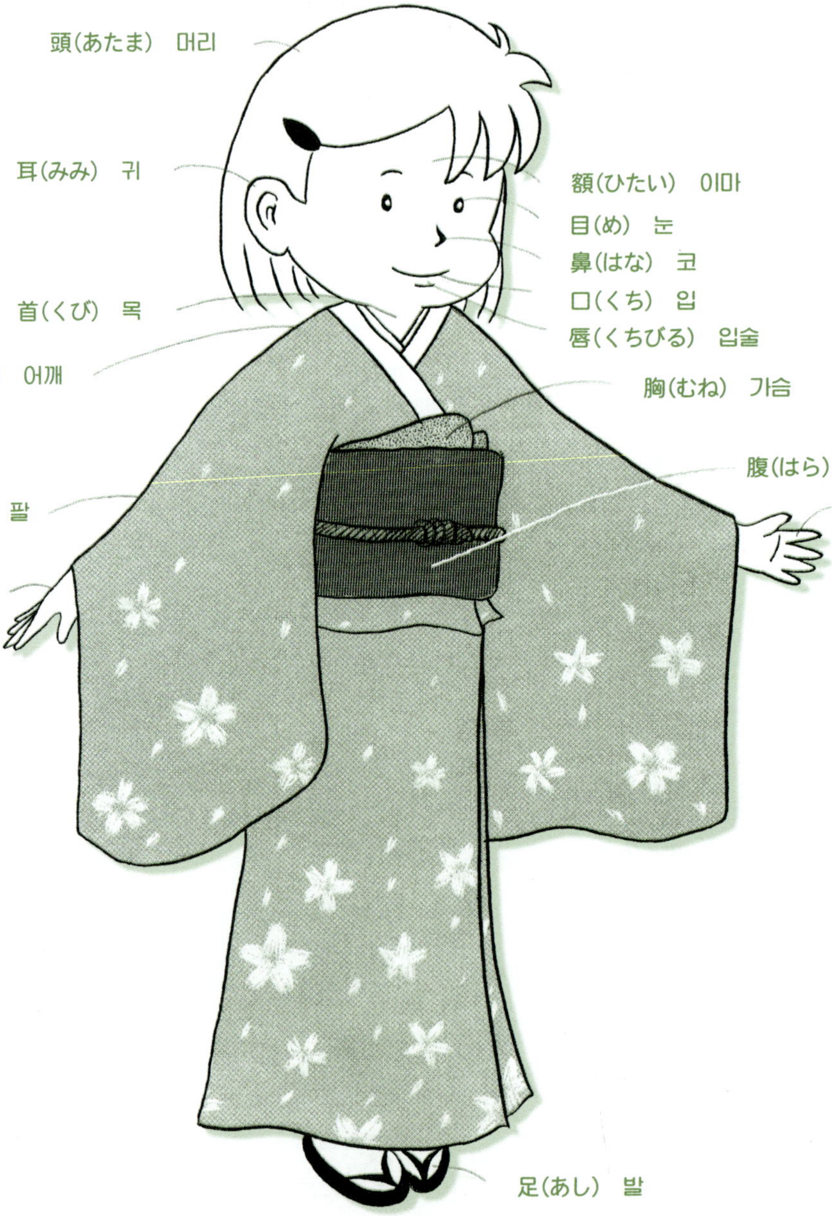

頭(あたま) 머리
耳(みみ) 귀
額(ひたい) 이마
目(め) 눈
鼻(はな) 코
首(くび) 목
口(くち) 입
唇(くちびる) 입술
肩(かた) 어깨
胸(むね) 가슴
腹(はら)、おなか 배
腕(うで) 팔
指(ゆび) 손가락
手(て) 손
足(あし) 발

일본 지도
日本地図

면　　적 : 약 37800km² (한반도의 1.7배)
　　　　　4개의 큰섬과 3700여개의 섬으로 이루어짐

인　　구 : 약 1억 2천만명

행정구역 : 1都(東京都)、1道(北海道)
　　　　　2府(京都府、大阪府)、43県

都市(とし)

- Ⓐ 札幌(さっぽろ)
- Ⓑ 仙台(せんだい)
- Ⓒ 東京(とうきょう)
- Ⓓ 横浜(よこはま)
- Ⓔ 名古屋(なごや)
- Ⓕ 京都(きょうと)
- Ⓖ 大阪(おおさか)
- Ⓗ 神戸(こうべ)
- Ⓘ 広島(ひろしま)
- Ⓙ 福岡(ふくおか)

北海道(地方)
東北地方
関東地方
中部地方
中国地方
近畿地方
四国(地方)
九州(地方)

1 北海道(ほっかいどう)
2 青森県(あおもりけん)
3 秋田県(あきたけん)
4 岩手県(いわてけん)
5 山形県(やまがたけん)
6 宮城県(みやぎけん)
7 福島県(ふくしまけん)
8 東京都(とうきょうと)
9 埼玉県(さいたまけん)
10 千葉県(ちばけん)
11 神奈川県(かながわけん)
12 茨城県(いばらぎけん)
13 栃木県(とちぎけん)
14 群馬県(ぐんまけん)
15 新潟県(にいがたけん)
16 富山県(とやまけん)
17 石川県(いしかわけん)
18 福井県(ふくいけん)
19 長野県(ながのけん)
20 静岡県(しずおかけん)
21 山梨県(やまなしけん)
22 岐阜県(ぎふけん)
23 愛知県(あいちけん)
24 京都府(きょうとふ)
25 大阪府(おおさかふ)
26 滋賀県(しがけん)
27 兵庫県(ひょうごけん)
28 奈良県(ならけん)
29 三重県(みえけん)
30 和歌山県(わかやまけん)
31 岡山県(おかやまけん)
32 広島県(ひろしまけん)
33 鳥取県(とっとりけん)
34 島根県(しまねけん)
35 山口県(やまぐちけん)
36 香川県(かがわけん)
37 愛媛県(えひめけん)
38 徳島県(とくしまけん)
39 高知県(こうちけん)
40 福岡県(ふくおかけん)
41 佐賀県(さがけん)
42 長崎県(ながさきけん)
43 熊本県(くまもとけん)
44 大分県(おおいたけん)
45 宮崎県(みやざきけん)
46 鹿児島県(かごしまけん)
47 沖縄(おきなわ)

1 형용사 활용

활용	ない	なる	て	です	そうだ	らしい	けれども	だろう	し	ながら(も)	から(ので)	체언수식	そうだ	た	たり	たら	ば
	~(지)않다	~(게)되다	~고	~(ㅂ)니다	~다고 한다	~것 같다	~지만	~겠지	~기도 하고	~면서(도)	~(기)때문에	~(ㄴ)	~(ㄴ)것 같다	~(었)다	~기도 하고	~(라)다면	~다면
新しい(새롭다)	あたらし**く**		あたらし**い**										あたらし	あたらし**かっ**			あたらし**けれ**
赤い(빨갛다)	あか**く**		あか**い**										—	あか**かっ**			あか**けれ**
強い(강하다)	つよ**く**		つよ**い**										つよ	つよ**かっ**			つよ**けれ**
いい(よい)(좋다)	よ**く**		い**い**										**よさ**	**よかっ**			**よけれ**

2 형용동사 활용

활용	ない	なる	で	です	そうだ	だろう	た	たり	(ば)	し	けれども	から	そうだ	ので	のに	の	체언수식	ようだ
	~지 않다	~게 되다	~고	~(ㅂ)니다	~것 같다	~겠지	~(쓰)다	~기도 하다	~(하)다면	~기도 하고	~(하)지만	~때문에	~다고 한다	~때문에	~(ㄴ)데도	~것	~(ㄴ)	~(ㄴ)것 같다
上手だ(능숙하다)	じょうず**では**	じょうず**に**	じょうず				じょうず**だっ**		じょうず**なら**	じょうず**だ**				じょうず**な**				
親切だ(친절하다)	しんせつ**では**	しんせつ**に**	しんせつ				しんせつ**だっ**		しんせつ**なら**	しんせつ**だ**				しんせつ**な**				
同じだ(같다)	おなじ**では**	おなじ**に**	おなじ		—	おなじ	おなじ**だっ**		おなじ**なら**	おなじ**だ**				おなじ**な**		おなじ		

3 동사 활용

종류	활용	ない형(미연형)				ます형(연용형)									기본형(연체형)						기본형(종지형)					가정형	명령형	가능형
		(よ)う	ない	(さ)せる	(ら)れる	ます	ながら	たい	そうだ	に	음편형				수식	ようだ	の	ので	のに	ぐらい	らしい	そうだ	と	けれど	が	e＋ば	e(ろ)	e＋る
											た	たり	て	ても														
		～(하)자	～(지)않다	～(게)하다	～(게)되다	～(ㅂ)니다	～(하)면서	～(고)싶다	～(것)같다	～(하)러	～(쓰)다	～기도 하고	～(하)고	～(해)도	～(하)는	～(것)같다	～것	～(기)때문에	～는데	～(ㄹ)정도	～(것)같다	～(ㄴ)다고 한다	～(ㄴ)다면	～지만	～지만	～(ㄴ)다면	～(해)라	～(ㄹ)수 있다
u 동사	書く(쓰다)	こ	か			き					い				く						く					け	け	け
	脱ぐ(벗다)	ご	が			ぎ					い(だ)				ぐ						ぐ					げ	げ	げ
	話す(말하다)	そ	さ			し					し				す						す					せ	せ	せ
	吸う(피다)	お	わ			い					っ				う						う					え	え	え
	立つ(서다)	と	た			ち					っ				つ						つ					て	て	て
	登る(오르다)	ろ	ら			り					っ				る						る					れ	れ	れ
	死ぬ(죽다)	の	な			に					ん(だ)		ん(で)		ぬ						ぬ					ね	ね	ね
	呼ぶ(부르다)	ぼ	ば			び					ん(だ)		ん(で)		ぶ						ぶ					べ	べ	べ
	読む(읽다)	も	ま			み					ん(だ)		ん(で)		む						む					め	め	め
		・ある의 부정형 : あらない(×) ➡ ない ・行く의 음편형 : 行いて(×) ➡ 行って ・예외동사의 음편형 : 帰る ➡ 帰て(×) ➡ 帰って																										
ru 동사	見る(보다)	みよ	み	みさ	みら	み					み				みる							みる				みれ	みろ	みられ
	食べる(먹다)	べよ	べ	べさ	べら	べ					べ				べる							べる				べれ	べろ	べられ
변격동사	来る(오다)	こよ	こ	こ	こら	き				－	き				くる							くる				くれ	こい	こられ
	する(하다)	しよ	し	さ	させら	し					し				する							する				すれ	しろ	できる

▼공 저

김 광 태

한국외국어대학교 일본어과 졸업
한국외국어대학교 대학원 석사과정(일본어학 전공)
일본 동북대학 대학원 박사과정(일본어학 전공)

전 충청남도 지방공무원 임용시험 〈일본어〉 출제위원
전 울산광역시 지방공무원 임용시험 〈일본어〉 출제위원
현 한서대학교 일본어학과 교수

김 준 숙

한국외국어대학교 일본어과 졸업
한국외국어대학교 대학원 석사과정(일본어학 전공)
한국외국어대학교 대학원 박사과정(일본어학 전공)

전 천안외국어대학 일어과 교수
전 백석대학교 어문학부 일본어학전공 교수
현 백석예술대학 외국어학부 일본어학전공 교수

UniQue 일본어 30

초판발행	2000년 3월 10일
개정판발행	2006년 3월 2일
개정판 7쇄	2020년 6월 5일
공저	김광태, 김준숙
책임 편집	서대종. 정은영, 조은형, 무라야마 토시오
펴낸이	엄태상
마케팅	이승욱, 전한나, 왕성석, 노원준
온라인 마케팅	김마선, 조인선
경영지원	마정인, 최성훈, 정다운, 김다미, 전태준, 오희연
물류	정종진, 윤덕현, 양희은, 신승진
펴낸곳	시사일본어사(시사북스)
주소	서울시 종로구 자하문로 300 시사빌딩
주문 및 교재문의	1588-1582
팩스	(0502)987-9592
홈페이지	www.sisabooks.com
이메일	book_japanese@sisadream.com
등록일자	1977년 12월 24일
등록번호	제 300 - 1977 - 31호

ISBN 978-89-402-4083-0 18730